CATALOGUE

DE LA

BIBLIOTHÈQUE

MUNICIPALE

D'ALEXANDRIE

ALEXANDRIE

IMPRIMERIE GÉNÉRALE, L. CARRIÈRE, RUE DU TÉLÉGRAPHE

—

JANVIER 1895

(Le catalogue arabe paraîtra ultérieurement).

CATALOGUE

DE LA

BIBLIOTHÈQUE

MUNICIPALE

D'ALEXANDRIE

ALEXANDRIE
IMPRIMERIE GÉNÉRALE, L. CARRIÈRE, RUE DU TÉLÉGRAPHE

1894

CATALOGUE

DE LA

BIBLIOTHÈQUE MUNICIPALE

D'ALEXANDRIE

SECTION Ire

Livres en Langue Allemande.

Anglaise (Littérature).

1. GESCHICHTE DER ENGLISCHEN LITTERATUR, von Karl Bleibtreu, in 8°, Leipzig. 1 vol., n° 513-C.

Antique (Art).

2. WERKE, von J. Winckelmann, in 4°, Stuttgart 1847. 2 vol. B. 21.

Antiquité (Histoire de l').

3. ALLGEMEINE GESCHICHTE DES ALTERTUMS, von Heinrich Welzhofer, in 8°, Gotha 1886. 1 vol. C. 127.

4. DIE ARISCHE PERIODE UND IHRE ZUSTÆNDE, von F. Spiegel, in 8°, Leipzig 1887. 1 vol. C. 516.

5. GESCHICHTE DES ALTERTHUMS, von Max Duncker, in 8°, Leipzig 1877-1886, 7 vol. C. 67.

6. Geschichte des Alterthums, von Eduard Meyer, in 8°, Stuttgart 1884-1894. 2 vol. C. 119.

7. Geschichte Babyloniens und Assyriens, von F. Mürdter, in 12° Stuttgart 1891. 1 vol. D. 136.

Bibliographie.

8. Allgemeine Bibliographie für Deutschland. in 12° Leipzig 1892. 1 vol. D. 588.

9. Bibliotheca bibliographica, bearbeitet von Dr Julius Petzholdt, in 8° Leipzig 1866. 1 vol. C. 98.

10. Bibliotheca philologica classica 1892-1893, in 8° Berlin. 2 vol. C. 563.

11. Jahrbuch für den deutschen Buchhandel, von K. F. Kohler, in 16° Leipzig 1893. 1 vol. D. 94.

Bibliothèques.

12. Grundzüge der Bibliothekslehre, von Dr Arnim Graësel, in 16°, Leipzig 1890. 1 vol. D. 95.

Comptabilité.

13. Die Buchführung, von L. Schmidt, in 8°, Stuttgart 1861. 1 vol. C. 524.

14. Die Contorwissenschaft, im engeren Sinne, von Aug. Schiebe, in 8°, Grimma 1853. 1 vol. C. 525.

15. Handbuch für Kaufleute, von H. Müller, in 12°, Leipzig 1864. 1 vol. D. 547.

16. Lehrbuch der einfachen Buchhaltung, von F. A. Strackerjan, in 8°, Pest 1864. 1 vol. C. 522.

17. UNTERRICHT IN DER DOPPELTEN BUCHHALTUNG, von J. A. Ditscheiner, in 8°, Pest 1855. 1 vol. C. 523.

Dictionnaires, Encyclopédies.

18. ALLGEMEINE ENCYCLOPÆDIE DER WISSENSCHAFTEN UND KÜNSTE, von Ersch und Gruber, in 8°, Leipzig 1818-1864. 156 vol. C. 15.

19. BROCKHAUS KONVERSATIONS LEXIKON, 14e edition, in 8°, Leipzig 1893. 16 vol. C. 569.

Egypte (Bibliographie de l').

20. BIBLIOTHECA AEGYPTIACA, par H. Jolowicz, in 8°, Leipzig 1858. 1 vol. C. 31.

Egypte ancienne (Généralités).

21. AEGYPTEN UND AEGYPTISCHES LEBEN IM ALTERTUM, von Adolf Erman, in 8°, Tübingen 1886. 2 vol. C. 118.

22. DIE AEGYPTOLOGIE, von Dr H. BRUGSCH, in 8°. Leipzig 1891. 1 vol. C. 128.

23. CICERONE DURCH DAS ALTE UND NEUE AEGYPTEN, von Georg Ebers, in 8°, Stuttgard 1886. 1 vol. C. 73.

Egypte ancienne (Histoire).

24. AEGYPTISCHE CHRONOLOGIE, SEIT MENES BIS HADRIAN, von J. Lauth, in 8°, Strasbourg 1877, 1 vol. C. 499.

25. AEGYPTISCHE GESCHICHTE, von Alf. Wiedemann, in 8°, Gotha 1884-1888, 1 vol. C. 126.

26. Das Alexandrinische Museum, von G. Parthey, in 8°, Berlin 1838, 1 vol. C. 74,

27. Das Alexandinische Museum, von Dr Weniger, in 8°, Berlin 1875, 1 vol. C. 97.

28. Geschichte von Alt-Aegypten, von Alf. Wiedemann, in 12°, Stuttgart 1891, 1 vol. D. 137.

29. Geschichte und Geographie des Alten-Aegyptens, von Ed. Meyer et J. Dümichen, in 8°. Berlin 1887, 1 vol. C. 133.

30. Geschichte der morgenlændischen vœlker im Altertum, von G. Maspero, übersetzt von Dr R. Pietschmann, in 8°, Leipzig, 1 vol. C. 115.

31. Herodotos zweites Buch sachlich erlaütert, von Alf. Wiedemann, in 8°, Leipzig 1890, 1 vol. C. 120.

Voyez « Antiquité (histoire de l') » sub. nos 3, 5, 6.

Egypte (Langue).

32. Aegyptische Lesestücke, von Oscar von Lemm, in 4°, Leipzig 1883, 1 vol. B. 189.

33. Aegyptisch - semitisch - indogermanisches Wurzelwœrterbuch, von C. Abel, in 8°, Leipzig 1886, 1 vol. C. 514.

34. Koptische Untersuchungen, von Carl Abel, in 8°, Berlin 1877, 1 vol. C. 50.

Egypte moderne.

35. In Aegyptischen Diensten, von Max Müller, in 16°, Leipzig 1888, 1 vol. D. 13.

France.

36. FRANKREICH, DAS LAND UND SEINE LEUTE, par F. von Hellwald, in 8°, Leipzig 1887. 1 vol. C. 562

Franc-Maçonnerie.

37. DIE MYSTERIEN DER FREIMAURER, von F. A. Tasson, in 8°, Leipzig 1859. 1 vol. C. 531.

Géographie.

38. METHODISCHER SCHUL-ATLAS, von Sydow und Wagner, in 4°, Gotha 1888. 1 vol. B. 26.

39. PHYSIKALISCHER ATLAS, von H. Berghaus, in folio, Gotha 1892. 1 vol. A. 10.

40. STIELER'S HANDATLAS, von Ad. Stieler, in folio, Gotha 1892. 1 vol. A. 11.

Géographie historique.

41. ATLAS ANTIQUUS, 12 KARTEN ZUR ALTEN GESCHICHTE, par H. Kiepert, in folio, Berlin s. d. 1 vol. A. 2.

42. ATLAS FÜR DIE GESCHICHTE DES MITTELALTERS UND DER NEUEREN ZEIT, von Spruner-Menke, in folio, Gotha 1880. 1 vol. A. 5.

Grec (Art).

43. GESCHICHTE DER GRIECHISCHEN KÜNSTLER, von D. H. Brunn, in 8°, Stuttgard 1889. 2 vol. C. 71.

Grecs (Auteurs).

44. HERODOTOS, erklært von H. Stein, in 8°, Berlin 1883, 2 vol. D. 17.

45. PSEUDO CALLISTHÈNES, herausgegeben von H. Mensel, in 8° Leipzig 1871. 1 vol. C. 86.

Grecque (Langue).

46. Grundzüge der griechischen etymologie, von G. Curtius, in 8° Leipzig 1893. 1 vol. C. 14.

Grecque (Littérature).

47. Geschichte der griechischen Literatur in der alexandrinerzeit, von F. Süsemihl, in 8° 1891-1892 Leipzig. 2 vol. C. 92.

48. Griechische Literaturgeschichte, von Dr Nicolaï, in 8° Magdebourg 1873. 3 vol. C. 57.

49. Grundriss der griechischen Litteratur, von G. Bernhardy, in 8° Halle 1890-1892. 3 vol. C. 134.

Grecque (Métrologie).

50. Griechische und rœmische metrologie, von F. Hultsch, in 8° Berlin 1882. 1 vol. C. 56.

Grecque (Philosophie).

51. Grundriss der Geschichte der griechischen philosophie, von Dr Ed. Zeller, in 8°, Leipzig 1889. 1 vol. C. 131.

Hébraïque (langue).

52. Elementarbuch der hebraeischen Sprache, von G. H. Seffer, in 8°, Leipzig 1878. 1 vol. C. 40.

Histoire générale.

53. Culturgeschichte in ihrer natürlichen Entwickelung, von F. von Hellwald, in 8°, Augsbourg 1878. 2 vol. C. 99.

Hygiène-médecine.

54. Deutsches Gesündheitswesen, von Dr M. Pistor, Berlin 1890. 1 vol. C. 589.

55. DER FRAUENARTZT, von Dr H. Klencke, in 12°, Leipzig 1874. 1 vol. D. 129.

56. KLINISCHES IAHRBUCH, von prof. Dr A. Guttstadt, in 8°, Berlin 1890. 1 vol. C. 592.

57. DAS KRANKE KIND, von Dr H. Klencke, in 12°, 1 vol. D. 128.

58. TASCHENBUCH FÜR BADENREISENDE UND KURGÆSTE, von Dr H. Klencke, in 12°, 1875. 1 vol. D. 127.

59. DAS WEIB ALS GATTIN, von Dr H. Klencke, in 12°, Leipzig 1875. 1 vol. D. 126.

Instruction publique.

60. DEUTSCHES HOHERES SCHULWESEN IM NEUZEHNTEN IAHRHUNDERT, von Dr Conrad R. 1 vol. C. 591.

61. STATISTIK DER PREUSSISCHEN LANDESUNIVERSITÆTEN, Berlin 1892, in 4°. 3 Vol. B. 221.

62. DIE VOLKS UND DIE MITTELSCHULEN IM IAHRE 1891, in 4°, Berlin 1893 cart. 1 vol. B. 223.

Langue (Dictionnaires, Grammaires).

63. DEUTSCHE GRAMMATIK, von J. C. A. Heyse, in 8°. Hannover 1886. 1 vol. C. 76.

64. DEUTSCHE GRAMMATIK FÜR AUSLÆNDER JEDER NATIONALITÆT, von Dr K. Krause, in 8°, Rostock 1889. 1 vol. C. 79.

65. HANDWŒRTERBUCH DER DEUTSCHEN SPRACHE, von D. Sanders, in 8°, Leipzig 1888. 1 vol. C. 78.

66. SYNONIMISCHES HANDWORTERBUCH DER DEUTSCHEN SPRACHE, von J. A. Eberhard, in 8°, Leipzig 1889. 1 vol. C. 77.

67. Vollstændliges Deutsch-franzœsisches Wœrterbuch, von H. A. Birman, in 4°, Paris 1889. 1 vol. B. 43.

68. Vollstændiges franzœsisch-deutsches Wœrterbuch, von J. A. Schmidt, in 8°, Leipzig s. d. 1 vol. C. 22.

69. Wœrtebbuch der Hauptschwierigkeiten in der Deutschen Sprache, von D. Sanders, in 8°, Berlin 1892. 1 vol. C. 75.

Linguistique.

70. Die Sprachwissenschaft von H. Whitney, übersetzt von Dr J. Jolly, in 8°, Münich 1874. 1 vol. C. 42.

Orient.

71. Nach dem Orient, von Wilhelm Wiener, in 16°, Vienne 1870. 1 vol. D. 536.

92. Reisebilder aus dem Orient, par G. Dalton. 1 vol. D. 590.

73. Die Türkei, Reisebuch im Orient, von Moritz Buch, in 16°, Trieste 1860. 1 vol. D. 554.

Pédagogie.

74. Verzeichnis der pædagogischen Zeitschriften Jahrbücher und Lehrerkalender Deutschlands, von Otto Arndt. 1 vol. C. 590.

Philologie.

75. Encyclopædie der philologischen wissenschaften, von Aug. Bœckh, in 8°, Leipzig 1875. 1 vol. C. 33.

76. Opuscula philologica Friderici Ritschelii, in 8°, Leipzig 1876-1879. 5 vol. C. 90.

77. TRIENNIUM PHILOLOGICUM ODER GRUNDZÜGE DER PHILOLOGISCHEN WISSENSCHAFTEN, von Dr W. Freund, in 8°, Leipzig 1879. 6 vol. C. 132.

Pologne.

78. DER POLENPROZESS, HERAUSGEGEBEN von Gustav Julius in 4°, Berlin 1848. 1 vol. B. 187.

Revues.

79. BERLINER PHILOLOGISCHE WOCHENSCHRIFT 1892-1893, in 4°, Berlin. 2 vol. B. 212.

80, BYZANTINISCHE ZEITSCHRIFT, 1892-1893, in 8°, Leipzig. 2 vol. C. 124.

81. LITTERARISCHES CENTRALBLATT FUR DEUTSCHLAND, 1892-1893, in 4°. 2 vol. B. 213.

Romaine (Métrologie).

Voyez « GRECQUE » (métrologie).

Russe (Langue).

82. PRAKTISCHER LEITFADEN ZUR ERLERNUNG DER RUSSICHEN SPRACHE, von J. Pihlemann, in 8°, Reval 1873. 1 vol. C. 508.

Voyages.

83. ERGEBNISSE EINER REISE UM DIE ERDE, 1857-1859, von K. von Scherzer, in 8°, Wien 1876. 1 vol. C. 515.

Section II.

Livres en langue Anglaise.

Afrique centrale.

84. The lands of Cazembe, by Dr C. T. Beke, Londres 1873, in 8°. 1 vol. C. 595.

Agriculture.

85. Agricultural returns of Great Britain 1892, in 8°, Londres 1892. 1 vol. C. 558.

86. The plague of Field Volès in Scotland, in 4°, Londres 1893. 1 vol. B. 208.

Almanachs.

87. Whitaker Almanach for 1893, in 8°, Londres. 1 vol. D. 548.

Anglaise (langue).

88. A new dictionary of the french and english languages, by Clifton and Grimaux, in 4°, Paris s. d. 1 vol. B. 45.

Angleterre (histoire d').

89. An abridgment of Dr Goldschmit's History of England, in 12°, London 1823. 1 v. D. 119.

90. The history of England, by T. B. Macaulay, in 18°, Leipzig 1849. 4 vol. D. 10.

Anglaise (littérature).

91. GULLIVER'S TRAVELS, by D. Swift, in 8°, Londres, s. d. 1 vol. C. 47.

92. HYPATIA, by Ch. Kingsley, in 8°, London 1890. 1 vol. C. 63.

93. THE PLEASURES OF LIFE, by Sir John Lubbock, in 12°, Leipzig 1889. 1 vol. D. 112.

94. THE POETICAL WORKS of John Milton, in 12°, London 1891. 1 vol. D. 11.

95. THE POETICAL WORKS of Alex. Pope, in 18°, London s. d. 1 vol. D. 14.

96. WAWERLEY NOVELS, by Walter Scott, in 12°, Edimburgh 1871. 25 vol. D 130.

Antique (Art).

97. GREEK AND ROMAN SCULPTURE, by W. C. Perry, in 8°, Londres 1882. 1 vol. C. 7.

98. ESSAYS ON ART AND ARCHEOLOGY, by C. T. Newton, in 8°, Londres 1880. 1 vol., C. 6.

Arabe (Littérature).

99. ARABIC AUTHORS, A MANUAL OF ARABIAN LITTERATURE by F. Arbuthnot, in 8°, Londres 1890. 1 vol., C. 540.

Bible.

100. THE BIBLE ANr THE MODERN DISCOVERIES, by H. A. Harper, in 8°, Londres 1891. 1 vol., C. 547.

101. READERS OF HOLY SCRIPTURE, by W. T. Emmens, Alexandria 1892, 1 vol., C. 585.

Bibliographie.

102. THE BEST BOOKS, A READER'S GUIDE, by W. Swann-Sonnenschein, in 4°, London 1891. 1 vol., B. 10.

103. THE BOOKSELLER JANUARY-JUNE 1892, in 8°, London. 1 vol., C. 88.

Bibliothèques.

104. FREE LIBRARIES AND NEWS-ROOMS, by J. D. Mullins, in 8°, London 1879, 1 vol., D. 92.

105. HOW TO CATALOG A LIBRARY, by H. Wheatley, in 12° Londres 1889. 1 vol. D. 8.

106. PUBLIC LIBRARIES, by Th. Greenwood, in 16°, London 1891. 1 vol., D. 93.

107. RULES FOR A DICTIONARY CATALOGUE, by Ch. A. Cutter, Washington 1891. in 8°, 1 vol., C. 65.

108. SMITHSONIAN REPORT ON THE CONSTRUCTION OF CATALOGUES OF LIBRARIES, by Ch. Jewett, in 8°, Washington 1853. 1 vol., C. 64.

Biographie-Histoire.

109. HISTORY PHILOSOPHICALLY ILLUSTRATED, by G. Miller, in 8° Londres 1832. 4 vol., C. 45.

110. VICISSITUDES OF FAMILIES. by Sir B. Burke, in 8°, Londres 1861. 3 vol., C. 44.

Céramique ancienne.

111. HISTORY OF ANCIENT POTTERY, by Samuel Birch, 2 vol. in 8°, Londres 1858. N° 1 C.

Commerce.

112. BOARD OF TRADE REPORT BANKRUPTCY ACT. 1883, in 4°, Londres 1892. 1 vol. 203 B.

113. CATALOG OF ITALIAN EXPORTERS, in 8°, Rome 1887. 1 vol. C. 388.

114. RATES OF WAGES IN THE TEXTILE TRADES WITH REPORT, in 4°, Londres 1889. 1. vol. B. 206.

115. TRADE OF THE UNITED KINGDOM FOR 1891, in 4°, Londres 1892. 1 vol. B. 207.

Dictionnaires.

115(b). DICTIONARY OF GREEK AND ROMAN ANTIQUITIES, edited by William Smith, in 8°, London 1891. 2 vol. C. 101.

115(c). A DICTIONARY OF GREEK AND ROMAN BIOGRAPHY AND MYTHOLOGY, edited by William Smith, in 8°, Londres 1850. 3 vol. C. 10.

115(d). DICTIONARY OF GREEK AND ROMAN GEOGRAPHY, edited by William Smith, in 8°, Londres 1854. 2 vol. C. 9.

Egypte moderne.

116. MANNERS AND CUSTOMS OF MODERN EGYPTIANS, by E.W. Lane, in 12°, London 1871, 2 vol. D. 125.

117. EGYPT TO DAY, by W. Fraser Rae, in 8°, London 1892. 1 vol. C. 110.

118. ENGLAND IN EGYPT, by Alf. Milner, in 8°, London 1893. 1 vol. C. 130.

119. PARLIAMENTARY PAPERS PRESENTED TO BOTH HOUSES OF PARLIAMENT ON EGYPT AFFAIRS 1876-1893. 14 vol. B. 194.

Egypte (Armée).

120. DICTIONARY OF MILITARY TECHNICAL TERMS, by A. Mantell, in 8°, Caire 1886. 1 vol. C. 467.

Egypte (Bibliographie).

121. The litterature of Egypt and the Soudan, by Prince Ibrahim Hilmy, in 4°, London 1886-1888. 2 vol. B. 19.

Egypte (Guides et Voyages).

122. Egypt, handbook for travellers, by K. Baedeker, in 16° Leipzig 1885-1892. 2 vol. D. 56.

123. A Handbook for travellers in lower and upper Egypt, by J. Murray, in 12°, London 1891. 1 vol. D. 124.

124. Observations in Egypt, Syria etc., by John Pococke, in folio, Londres 1819. 3 vol. A. 44.

125. Travels of Ali Bey in Morocco, Egypt, in 1703-1807 in 4°, London 1816. 2 vol. B. 214.

126. Travels in Africa, Egypt, and Syria, by M. Browne, in 4°. London, 1799. 1 vol. B. 215.

Egypte (Instruction publique).

127. Syllabus of the primary and secundary courses of study, in 8°, Caire 1892. 1 vol. D. 494.

Egypte (finances).

128. Note to accompany the revenue statement of 1884, by Edgar Vincent, in 8°, Caire 1885. 1 vol. C 396.

129. Note on the currency of Egypt, by M. Edgar Vincent, in 8°, Caire 1885. 1 vol. C. 395.

130. Note on the proposed monetary law, by Edgar Vincent, in 8°, Caire 1885. 1 vol. C. 409.

131. Report on the budget of 1887, by Edgar Vincent, in 8°, Caire 1886. 1 vol. C. 405.

132. REPORT ON THE FINANCES OF EGYPT 1885-1886, by Edgar Vincent, in 8°, Caire 1886, 1 vol. D 485.

133. REPORT ON THE FINANCIAL ADMINISTRATION OF EGYPT, by Edgar Vincent, in 4°, Caire 1884, 1 vol. B 157.

134. REPORT ON TOBACCO LEGISLATION IN EGYPT 1879-1890, Alexandrie 1891, in 4, 1 vol. B 154.

Egypte (Irrigations).

135. IRRIGATION BRANCH REPORTS FROM 1884 TO 1888, in 4°, Caire. 1 vol. C. 418.

136. IRRIGATION BRANCH REPORTS FOR 1889 AND 1890, in 8°, Caire. 1 vol. C. 419.

137. NOTE ON THE NILE BARRAGE, by Colin Scott-Moncrieff, in 8°, Caire. 1 vol. C. 411.

138. NOTE ON THE NILE FLOOD OF 1887, by Colin Scott-Moncrieff, in 8°, Caire 1888. 1 vol. C. 415.

139. NOTE ON THE PREVENTION OF SHARAKI LANDS IN EGYPT, by Colin Scott-Moncrieff, in 8°, Caire 1889, 1 vol. C. 421.

140. NOTES ON THE WADI RAYAN, by G. A. Liernur, in 8°, Caire 1888. 1 vol. C. 413.

141. NOTE ON THE WADI RAYAN PROJECT, by Scott-Moncrieff, in 8°, Caire 1889. 1 vol. C. 414.

142. PERENNIAL IRRIGATION AND FLOOD PROTECTION FOR EGYPT, by W. Willcocks, in 4°, Caire 1894. 1 vol. B. 227.

143. REPORT OF THE IRRIGATION DEPARTMENT FOR 1892, by W. E. Garstin, in 8°, Caire 1893. 1 vol. C. 420.

144. Report on the Low Nile of 1888, by L. C. Ross, in 8°, Caire 1889. 1 vol. C. 412.

Egypte (Pétrole).

145. Report on the petroleum of Djebel Zeit, by L. H. Mitchell, in 8°, Caire 1887. 1 vol. C. 417.

146. Report on the petroleum districts on the Red sea, by C. Stewart, in 8°, Caire 1888. 1 vol. C. 427.

147. A Sketchy report of the petroleum industry at Bakou, in 8°, Caire 1886. 1 vol. C. 426.

Egypte ancienne (Histoire).

148. Alexandrian chronology, by S. Sharpe, in 4°, London 1857, 1 vol. B. 6.

149. Bubastis (1887-1889) by E. Naville, in 4°, London 1891 cart. 1 vol. B. 201.

150. Egyptian texts from the coffin of Amamu, in folio, Londres 1886 cart. 1 vol. A. 41.

151. Facsimile of an hieratic Egyptian papyrus of the reign of Ramses III, in folio, Londres 1876 cart. 1 vol. A. 42.

152. History of Ancient Egypt, by G. Rawlinson, in 8°, Londres 1881. 2 vol. C. 46.

153. History of Egypt from the earliest times till the conquest by the Arabs, by S. Sharpe, in 12°, Londres 1885. 2 vol. D. 2.

154. Inscriptions in the hieratic and demotic character, in folio, London 1878 cart. 1 vol. A. 40.

155. The Mound of the Jew — The antiquities of Tell-el-Yahudieh, par E. Naville et Griffith, in 4°, London 1888 cart. 1 vol. B. 200.

156. OUTLINES OF ANCIENT EGYPTIAN HISTORY, by A. Mariette, translated by Mary Brodvick, in 12°, London 1892. 1 vol. D. 131.

157. THE SHRINE OF SAFT-EL-HENNEH AND THE LAND OF GOSHEN 1885, by Ed. Naville, in 4°, Londres 1888 cart. 1 vol. B. 199.

158. THE STORE CITY OF PITHOM AND THE ROUTE OF EXODUS, by Ed. Naville, in 4°, London 1888 cart. 1 vol. B. 198.

159. THE TELL-EL-AMARNA TABLETS IN THE BRITISH MUSEUM, in 4°, Londres 1892. 1 vol. B. 191.

160. THE TELL-EL-AMARNA TABLETS, translated by C. R. Conder, in 8°, Londres 1893. 1 vol. C. 542.

161. THE MANNERS AND CUSTOMS OF ANCIENT EGYPTIANS, by Sir G. Wilkinson, in 8°, London 1878. 3 vol. C. 129.

Voyez ORIENT (histoire ancienne) n°° D. 25 et 26.

Egypte ancienne (Langue).

162. AN ELEMENTARY GRAMMAR OF THE ANCIENT EGYPTIAN LANGUAGE, by P. Le Page Renouf, in 4°, Londres s. o. 1 vol. B. 52.

Enseignement.

163. THE ART OF STUDYING AND TEACHING LANGUAGES, by F. Gouin, in 12°, London 1892. 1 vol. D. 55.

Géographie.

164. A TEXT BOOK OF PHYSIOGRAPHY, by R. Hull, in 12°, Londres 1888. 1 vol. D. 23.

Voyez « SOCIÉTÉS SAVANTES » n° 201.

Géographie ancienne.

165. A HISTORY OF ANCIENT GEOGRAPHY, by E. Bimbury, in 8°, Londres 1883. 2 vol. C. 2.

166. NAMES AND PLACES IN THE OLD AND NEW TESTAMENTS, by G. Armstrong, in 8°, Londres 1889. 1 vol. C. 551.

Géologie.

167. THE STORY OF EARTH AND MAN, by J. W. Dawson, in 12°, London 1882. 1 vol. D. 19.

Grecs (Auteurs).

168. HISTORY OF HERODOTUS, TRANSLATED AND ANNOTATED, by G. Rawlinson, in 8°, Londres 1880. 4 vol. C. 8.

Grecque (Histoire).

169. FASTI HELLENICI, by F. E. Clinton, in 8°, Oxford 1834. 3 vol. n° 1 B.

170. A HISTORY OF GREECE TO ALEXANDER THE GREAT, by G. Grote, in 12°, Londres 1869. 12 vol. n° 1 D.

171. A HISTORY OF GREECE, from 146 A. D. to 1864, by G. Finlay, in 8°, Oxford 1877. 7 vol. n° 3 C.

Grecque (Langue).

172. A GREEK-ENGLISH LEXICON, by Liddell and Scott, in 4°, Oxford 1883. 1 vol. B. 2.

Hygiène.

173. LOCAL GOVERNMENT BOARD, reports from 1887 to 1891, in 8°, Londres. 10 vol. C. 560.

174. THE PUBLIC HEALTH ACT. 1875 etc., par F. Stratton, in 8°, Londres 1892. 1 vol. C. 557.

Indes.

175. INDIAN ANTIQUITIES, by Th. Maurice, in 8°, London 1812. 5 vol. C. 529.

Industrie.

176. REPORT ON TRADE UNIONS AND STÁTISTICAL TABLES 1891, in 4°, Londres 1893, 1 vol. B. 205.

Latine (Littérature).

177. TERENCE'S COMEDIES LATIN AND ENGLISH, by S. Patrick, in 8°, London 1757. 2 vol. C. 49.

Marine marchande.

178. NAVIGATION AND SHIPPING OF THE UNITED KINGDOM 1892, in 4°, Londres 1893, 1 vol. B. 204.

Numismatique.

179. CATALOGUE OF THE COINS OF ALEXANDRIA, by S. Poole, in 8°, Londres 1892, toile. 1 vol. C. 584.

180. HISTORIA NUMMORUM, by B. W. Head, in 8°, Oxford 1887. 1 vol. C. 5.

Orient (Histoire ancienne).

181. THE ANCIENT EMPIRES OF THE EAST, by A. H. Sayce, in 12°, London 1894. 1 vol. D. 25.

182. THE ANCIENT HISTORY OF THE EAST, by Th. Smith, in 12°, London 1885. 1 vol. D. 26.

Orient (Voyages en).

Voyez « EGYPTE » (Guides et voyages) nos A.44 ; B. 214; B. 215.

Palestine.

183. ACROSS THE JORDAN, by G. Schuhmacher, in 8°, Londres 1889. 1 vol. C. 548.

184. The City and the Land, a course of seven lectures on the work of the Palestine Exploration fund, in 8°, Londres 1892. 1 vol. C. 545.

185. Geology and Geography of Palestine, by Ed. Hull, in 4°, Londres 1889. 1 vol. B. 196.

186. Jerusalem, the city of Herod and Saladin, by W. Besant, in 8°, Londres 1889. 1 vol. C. 550.

187. Judaea and her rulers, by M. Bramston, in 12°, London 1891. 1 vol. D. 12.

188. Palestine under the Moslems, by Guy Le Strange, in 8°, Londres 1890. 1 vol. C. 549.

189. Survey of Western Palestine, by Trelawney Saunders, in 8°, Londres 1881. 1 vol. C. 554.

190. Tent Work in Palestine, by C. R. Conder, in 8°, Londres 1889. 1 vol. C. 544.

Persane (Littérature).

191. Persian portraits, by F. Arbuthnot, in 8°, Londres 1887. 1 vol. C. 556.

192. The Rauzat-us-safa, or Garden of purity, from the Persian, by E. Rehatsek, in 8°, Londres 1893. 4 vol. C. 538-539.

Rapports Consulaires.

193. Reports on Subjects of the general and commercial interest. 45 vol. C. 604.

194. Reports on Trade and finance, by the Consular Officers, in 8°, London 1887. 1 vol. C. 603.

Revues.

195. THE ACADEMY, Juillet-Décembre 1892 ; Année 1893, in 4°, Londres. 3 vol. B. 209.

196. THE ATHENAEUM JOURNAL OF LITERATURE, SCIENCE AND ART ; 1883, in 4°, London 1892-1893. 4 vol. B. 25.

197. THE NINETEENTH CENTURY, Octobre-Décembre 1892. Année 1893, in 8°, London. 5 vol. C. 121.

198. SCIENTIFIC AMERICAN, 1881-1892, in folio, New-York. 22 vol. A. 4.

Romain (Empire).

199. THE HISTORY OF THE DECLINE AND FALL OF THE ROMAN EMPIRE, from 98 to 1430, by Edw. Gibbon, in 8°, Londres 1887. 8 vol. n° 4 C.

Sociétés Savantes.

200. CATALOGUE OF THE LIBRARY OF THE ROYAL COLONIAL INSTITUTE OF LONDON, in 4°, Londres 1886. 1 vol. B. 181.

201. JOURNAL OF THE ROYAL GEOGRAPHICAL SOCIETY OF LONDON, 1879-1892, in 8°, Londres. 14 vol. C. 485.

202. PHILOSOPHICAL TRANSACTIONS OF THE ROYAL SOCIETY OF LONDON, 1892, in 4°, 2 vol. B. 202.

203. PROCEEDINGS OF THE ROYAL COLONIAL INSTITUTE, 1878-1893, in 8°, Londres. 15 vol. C. 484.

204. ROYAL GEOGRAPHICAL SOCIETY LONDON, in 8°, 3 vol. C. 596.

Statistique.

205. Statistical abstract of the United Kingdom, 1877-1891, in 8°, Londres. 1 vol. C. 559.

Syrie.

206. Abila of the Decapolis, by G. Schumacher, in 8°, Londres 1889. 1 vol. C. 516.

207. Altaic hieroglyphs and hittite inscriptions, by C. R. Conder, in 8°, Londres 1889. 1 vol. C. 541.

208. Heth and Moab, explorations in Syria in 1881-1882, by C. R. Conder, in 8°, Londres 1892. 1 vol. C. 543.

209. The Iaulan, by G. Schumacher, in 8°, Londres 1890. 1 vol. C. 552.

210. Mount Seïr, Sinaï and Western Palestine, by Ed. Hull, in 8°, Londres 1889, 1 vol. C. 553.

211. Syrian Stone Lore, by C. R. Conder, in 8°, Londres 1889. 1 vol. C. 555.

212. Tell-el-Hesy (Lachish), by M. W. Flinders Petrie, in 4°, London 1891. 1 vol. B. 197.

Section III.

Livres en Langue Française.

Afrique.

213. L'Afrique occidentale, la nature et l'homme noir, par le Dr Paul Barret, in 8°, Paris 1888. 2 vol. C. 149.

214. Histoire de l'Afrique septentrionale (Berbérie), par Ernest Mercier, in 8°, Paris 1888. 3 vol. C. 151.

215. Les lacs de l'Afrique équatoriale, par Victor Giraud (1883-1885), in 4°, Paris 1890. 1 vol. B. 81.

Agriculture.

216. Journal d'Agriculture pratique 1892, 1er semestre, in 8°, Paris. 1 vol. C. 570.

217. Les meilleurs Blés, par Vilmorin Andrieux & Cie, in 4°, Paris s. d. 1 vol. B. 222.

218. Les plantes Potagères, par Vilmorin Andrieux et Cie, in 8°, Paris 1891. 1 vol. C. 594.

Algérie.

219. La France en Algérie, par L. Vignon, in 8°, Paris 1893. 1 vol. C. 561.

220. Musées de l'Algérie, Alger, Constantine, Oran, par M. R. de la Blanchère, in folio, Paris 1890. 1 vol. A. 18.

Allemande (Langue).

221. Grammaire pratique de la Langue Allemande, par L. Georg, in 12°, Genève 1880. 2 vol. D. 134.

222. Grand Dictionnaire Français-Allemand, par H. A. Birman, in 4°, Paris 1889. 1 vol. B. 42.

223. Leçons pratiques de Langue Allemande, par A. Pinloche, in 8°, Paris 1891. 1 vol. C. 89.

224. Nouveau Dictionnaire Français-Allemand, par J. A. Schmidt, in 8°, Leipzig s. d. 1 vol. C. 23.

Almanachs.

225. Almanach de Gotha 1893, in 18°, Gotha 1893. 1 vol. D. 556.

Anatomie.

226. Anatomie, Physiologie, Zoologie, par St. Meunier, in 16°, Paris 1890. 1 vol. D. 90.

Anglaise (Langue).

227. Dictionnaire Anglais-Français, par A. Spiers, in 8°, Paris 1872, 1 vol. C. 27.

228. Dictionnaire Français-Anglais, par A. Spiers. in 8°, Paris 1869, 1 vol. C. 26.

229. Nouveau Dictionnaire Anglais-Français, par Ad. Grimaux, in 4°, Paris s. d. 1 vol. B. 44.

Anglaise (Littérature).

230. Histoire de la Littérature Anglaise, par Aug. Filon, in 16°, Paris 1883. 1 vol. D. 84.

231. Shakespeare, par James Darmesteter, in 8°, Paris 1889. 1 vol. C. 41.

Angleterre.

232. Histoire, par J. A. Fleury, in 16°, Paris 1890. 1 vol. D. 69.

Anthropologie.

233. Histoire générale des races humaines, par de Quatrefages, in 8°, Paris 1889. 1 vol. C. 145.

234. Les Races Humaines, par le Dr R. Verneau, in 4°, Paris s. d. 1 vol. B. 78.

Arabe (Archéologie).

235. Notes d'Archéologie Arabe, monuments fatimites, par Max van Berchem, in 12°, Paris 1891. 1 vol. D. 495.

Arabe (Art).

236. L'Art Arabe, par A. Gayet, in 8°, Paris s. d. 1 vol. D. 587.

237. Précis de l'Art Arabe, par J. Bourgoin, in 4°, Paris 1892. 1 vol. A. 23.

Arabe (Langue).

238. Dictionnaire Arabe-Français, par A. de Biberstein-Kazimirsky, in 4°, Caire 1875. 4 vol. B. 18.

239. Dictionnaire Français-Arabe, par Elias Bokthor, in 4°, Caire 1871. 2. vol. B. 17.

240. Dictionnaire Français-Arabe, par J. Habeiche, in 4°, Caire 1890. 1 vol. B. 16.

Arabe (Littérature).

241. Contes Arabes, par René Basset, in 16°, Paris 1883. 1 vol. D. 368.

242. Loqman Berbère, avec quatre glossaires, par René Basset, in 12°, Paris 1890. 1 vol. D. 367.

Architecture.

243. Comment on construit une maison, par E. Viollet-le-Duc, in 12°, Paris s. d. 1 vol. D. 33.

244. Les dix livres d'Architecture de Vitruve, in folio, Paris 1673. 1 vol. A. 9.

Art antique.

245. Histoire de l'Art dans l'Antiquité, par Perrot et Chipiez, in 4°, Paris 1882-1890. 5 vol. B. 38.

Arts et manufactures.

246. Arts et Manufactures, par M. Maigne, in 12°, Paris 1876. 1 vol. D. 44.

Art moderne.

247. Les Chefs-d'œuvre de l'Art au xix° Siècle, par Gonse et M. Loustalot, in 4°, Paris. 3 vol. B. 210.

Assyrie.

248. Lectures historiques, Egypte, Assyrie, par G. Maspero, in 16°, Paris 1892. 1 vol. D. 88.

Astronomie.

249. Cours élémentaire d'Astronomie, par Ch. Delaunay, in 12°, Paris 1876. 1 vol. D. 42.

250. Histoire de l'Astronomie, par F. Hoefer, in 16°, Paris 1873. 1 vol. D. 79.

251. Les Hypothèses Cosmogoniques, par C. Wolff, in 8°, Paris 1886. 1 vol. C. 66.

252. Notes de Cosmographie, par M. J. Dufailly, in 8°, Paris 1873. 1 vol. C. 498.

253. Œuvres complètes de Laplace, in 4°, Paris 1893. 10 vol. B. 216.

254. Petite Astronomie descriptive, par Camille Flammarion, in 16°, Paris 1877. 1 vol. D. 537.

255. Théorie du mouvement de la Lune, par I. Plana, in 4°, Turin 1832. 3 vol. B. 96.

Autriche-Hongrie (Histoire de l').

256. Histoire de l'Autriche-Hongrie, par L. Léger in 16°, Paris 1889. 1 vol. D. 67.

Bibliographie.

257. Bibliographie de la France, tables alphabétique et systématique, années 1882-1893, Paris, in 4°, 9 vol. B. 11.

258. Catalogue de la Bibliothèque du feu le Comte Manzoni, in 8°, Castello 1892. 1 vol. C. 345.

259. Manuel du libraire et de l'amateur de livres, par J. C. Brunet, in 8°, Paris 1860-1880. 9 vol. C. 69.

Bibliothèques.

260. Manuel du Bibliothécaire, par L. A. Constantin, in 32°, Paris 1841. 1 vol. D. 542.

Biographie.

261. L'Amiral Baudin, par le vice-amiral Jurien de la Gravière, in 12°, Paris 1888. 1 vol. D. 350.

262. Ferdinand de Lesseps, sa vie et son œuvre, par A. Bertrand et E. Ferrier, in 8°, Paris 1887, 1 vol. C. 533.

263. MIGNET, MICHELET, HENRI MARTIN, par Jules Simon, in 8°, Paris 1890. 1 vol. C. 161.

Blason.

264. L'ART HÉRALDIQUE, par H. Gordon de Genouillac, in 8°, Paris s. d. 1 vol. C. 159.

Botanique.

265. BOTANIQUE, GÉOLOGIE, par S. Meunier, in 16°, Paris 1886. 1 vol. D. 91.

266. HISTOIRE DE LA BOTANIQUE, par F. Hoefer, in 16°, Paris 1882. 1 vol. D. 75.

Bourgeoisie.

267. LA BOURGEOISIE FRANÇAISE, 1789-1848, par A. Bardoux, in 8°, Paris 1886. 1 vol. C. 142.

Brésil.

268. LE BRÉSIL, par E. Levasseur, avec album de vues, in 4°, Paris 1889. 2 vol. B. 133.

269. LE BRÉSIL EN 1889, par F. J. de Santa Anna Néry, in 8°, Paris 1889. 1 vol. C. 190.

Byzantine (Histoire).

270. UN EMPEREUR BYZANTIN AU 10me SIÈCLE, NICÉPHORE PHOKAS, par G. Schlumberger, in 4°, Paris 1890. 1 vol. B. 76.

271. L'EMPIRE BYZANTIN ET LA MONARCHIE FRANQUE, par A. Gasquet, in 8°, Paris 1888. 1 vol. C. 163.

Céramique.

272. LES MERVEILLES DE LA CÉRAMIQUE, (Orient), par A. Jacquemart, in 16°, Paris 1883. 1 vol. D. 100.

Chemins de fer.

273. Les Chemins de Fer, par H. Gossin, in 4°, Paris s. d. 1 vol. B. 72.

Chimie.

274. Histoire de la Chimie, par F. Hoefer, in 16°, Paris 1892. 1 vol. D. 78.

275. Leçons de Chimie, par Alfred Riche, in 12°, Paris 1865. 1 vol. D. 121.

276. Précis de Chimie, par L. Troost, in 12°, Paris 1873. 1 vol. D. 49.

Chronologie.

277. Chronologie Universelle, par Ch. Dreyss, in 16°, Paris 1883. 2 vol. D. 70.

Colombie.

278. Les Etats-Unis de Colombie, par Ricardo S. Pereira, in 8°, Paris 1883. 1 vol. C. 193.

Commerce.

279. Histoire du Commerce du Monde. Temps anciens, moyen-age, par Octave Noël, in 4°, Paris 1891. 1 vol. B. 74.

Comptabilité.

280. Cours Élémentaire de Comptabilité, par H. Lefèvre, in 12°, Paris 1884. 1 vol. D. 473.

281. La Science des Comptes mise a la portée de tous, par Eug. Léautey et Ad. Guilbault, in 8°, Paris s. d. 1 vol. C. 153.

Dictionnaires.

282. Dictionnaire des Antiquités Chrétiennes, par l'abbé Martigny, in 4°, Paris 1889. 1 vol. B. 29.

283. Dictionnaire Général des Beaux-Arts, des Lettres, etc., par Bachelet et Dezobry, in 4°, Paris 1886. 2 vol. B. 14.

284. Dictionnaire Général de Biographie, de Mythologie, de Géographie et d'Histoire, par Dezobry et Bachelet, in 4°, Paris 1889. 2 vol. B. 13.

285. Dictionnaire Universel d'Histoire et de Géographie, par M. Bouillet, in 4°, Paris 1893. 1 vol. B. 48.

286. Dictionnaire d'Histoire, de Géographie, de Mythologie et de Biographie, par A. Descubes, in 4°, Paris 1889. 2 vol. B. 79.

287. Dictionnaire Général des Sciences Théoriques et Appliquées, par Privat-Deschanel et Focillon, in 4°, Paris s.d. 2 vol. B. 15.

288. Dictionnaire Universel des Littératures, par G. Vapereau, in 4°, Paris 1884. 1 vol. B. 28.

289. Nouveau Dictionnaire de Géographie universelle, (physique, politique, économique, ethnologique, historique) sous la direction de M. Vivien de Saint-Martin, in 4°, Paris. 5 vol. et livraisons. B. 35.

290. Grand Dictionnaire Universel du xixe Siècle, par P. Larrousse, 2me supplément, in 4°, Paris 1891. 1 vol. B. 39.

291. La Grande Encyclopédie, inventaire raisonné des Lettres, des Sciences et des Arts a la fin du xixe Siècle, in 4°, Paris 1885-1894. 19 vol. B. 4. (En cours de publication).

Droit.

292. ENCYCLOPÉDIE DU DROIT, par Ad. Roussel, in 8°, Bruxelles 1871. 1 vol. C. 491.

Droit Français.

293. ELÉMENTS DU DROIT FRANÇAIS, CONSIDÉRÉ DANS SES RAPPORTS AVEC LE DROIT NATUREL ET L'ÉCONOMIE POLITIQUE, par E. Glasson, in 8°, Paris 1884. 2 vol. C. 141.

Droit Maritime.

294. LE DROIT MARITIME EN ITALIE, par P. Boselli, in 8°, Turin 1885. 1 vol. C. 265.

Economie domestique.

295. LES SECRETS DE L'ÉCONOMIE DOMESTIQUE, par A. Héraud, in 12°, Paris 1889. 1 vol. D. 28.

Economie politique.

296. ECONOMIE POLITIQUE POPULAIRE, par H. Baudrillart, in 12°, Paris 1883. 1 vol. D. 52.

297. LA FIN DE LA CRISE, par H. Bovet Bolens, in 8°, Paris Lausanne 1888. 1 vol. C. 500.

298. MANUEL D'ECONOMIE POLITIQUE, par H. Baudrillart, in 12° Paris 1878. D. 53.

299. NOUVEAU PRÉCIS D'ÉCONOMIE POLITIQUE, par Funck-Brentano, in 12° Paris 1887. 1 vol D. 528.

300. LA RICHESSE DES NATIONS, par Adam Smith, in 32°, Paris s.d. 1 vol. D. 539.

Economie sociale.

301. L'ÉCONOMIE SOCIALE A l'EXPOSITION DE 1889, par Jules Heilbronner, in 8°, Ottawa 1890. 1 vol. C. 493.

302. LE PEUPLE, par J. Michelet, in 18°, Bruxelles 1 vol. D. 54.

Ecriture.

303. HISTOIRE DE L'ÉCRITURE DANS L'ANTIQUITÉ, par Ph. Berger, in 8°, Paris 1891. 1 vol. C. 490.

Education.

304. CONSEILS AUX JEUNES GENS, par Albin Ducamp, in 12°, Paris 1873. 1 vol. D. 45.

305. L'ÉDUCATION DES FEMMES PAR LES FEMMES, par Octave Gréard, in 12°, Paris 1889. 1 vol. D. 363.

306. L'ÉDUCATION DE SOI-MÊME, par John Stuart Blackie, in 12°, Paris 1881. 1 vol. D. 46.

Egypte (Administrations).

307. COMPTES-RENDUS DE LA CAISSE DE LA DETTE PUBLIQUE, de 1878 à 1892, in 8°, Caire. 4 vol. C. 478.

308. RAPPORTS DES CHEMINS DE FER, TÉLÉGRAPHES ET PORT D'ALEXANDRIE, de 1880 à 1891, in 4°, Alexandrie. 7 vol. B. 175.

309. RAPPORT SUR L'EXTENSION DES LIGNES DE LA HAUTE-EGYPTE, in 4°, Caire 1892. 1 vol. B. 176.

310. RÈGLEMENTS DU CONSEIL SANITAIRE, in 8°, Alexandrie 1884. 1 vol. C. 113.

311. RAPPORTS DE LA DAÏRA SANIEH, pour 1878-1891, in 8°, Caire. 3 vol. B. 170.

312. CAHIER DES CHARGES DES DOMAINES DE L'ETAT, in 8°, Caire 1883. 1 vol. C. 433.

313. RAPPORTS DES COMMISSAIRES DES DOMAINES DE L'ETAT, de 1879 à 1891, in 4°, Caire. 13 vol. B. 171.

314. Bulletins mensuels des Douanes égyptiennes, de 1882 à 1893, in 8°, Alexandrie. 8 vol. C. 431.

315. Le commerce extérieur de l'Egypte 1884-1889, Alexandrie in folio 1891. 1 vol. A. 43.

316. Règlement douanier en Egypte, in 8° Caire 1889. 1 vol. C. 432.

317. Rapports de l'Administration des Ports et Phares, 1885-1891, in 8°, Alexandrie. 6 vol. C. 468.

318. Conventions et Arrangements du Congrès postal de Vienne 1891, in 8°, Caire 1892. 1 vol. C. 436.

319. Conventions et Arrangements de l'Union postale universelle, in 8°, Caire 1886. 1 vol. C. 435.

320. Guide postal égyptien 1888-1891, in 12°, Alexandrie. 2 vol. D. 507.

321. Rapports de l'Administration des Postes Égyptiennes de 1880 à 1891, in 8°, Alexandrie, 12 vol. C. 434.

Egypte, Affaires Étrangères, (Publications du Ministère des).

322. Actes diplomatiques et Firmans impériaux relatifs a l'Egypte, in 8°, Caire 1886. 1 vol. C. 461.

323. Convention commerciale entre l'Egypte et l'Allemagne, in 8°, Caire 1892. 1 vol. C. 451.

324. Convention commerciale entre l'Egypte et l'Autriche-Hongrie, in 8°, Caire 1892. 1 vol. C. 452.

325. CONVENTION COMMERCIALE ENTRE L'EGYPTE ET LA BELGIQUE, in 8°, Caire 1891, 1 vol. C. 447.

326. CONVENTION COMMERCIALE ENTRE L'EGYPTE ET LA GRANDE BRETAGNE, in 8°, Caire 1892. 1 vol. C. 446.

327. CONVENTION COMMERCIALE ENTRE L'EGYPTE ET L'ITALIE, in 8°, Caire 1891. 1 vol. C. 448.

328. CONVENTION COMMERDIALE ENTRE L'ÉGYPTE ET LE PORTUGAL, in 8°, Caire 1890. 1. vol. C. 449.

329. CONVENTION POUR LA SUPPRESSION DE LA TRAITE DES ESCLAVES, in 8°, Caire 1885. 1 vol. C. 450.

330. CONVENTIONS ET DOCUMENTS SUR LA SUPPRESSION DE LA TRAITE DES ESCLAVES, in 8°, Caire 1880. 1 vol. C. 460.

331. DOCUMENTS RELATIFS AU TOMBAC PERSAN, in 8°, Caire 1887. 1 vol. C. 455.

332. FIRMAN IMPÉRIAL du 19 Chaaban 1296, in 8°, Caire 1880. 1 vol. C. 462.

333. IMMUNITÉS DOUANIÈRES, in 8°, Caire 1887. 1 vol. C. 458.

334. RÈGLEMENT RELATIF AUX CONSULATS ÉTRANGERS, in 8°, Caire 1887. 1 vol. C. 457.

Egypte (Agriculture).

335. ESSAI DE STATISTIQUE AGRICOLE, par A. Boinet bey, in 8°, Caire 1888. 1 vol. D. 479.

336. INSTRUCTIONS POUR LA CULTURE DE L'INDIGO, par H. de Vecchi, in 8°, Alexandrie 1875. 1 vol. C. 445.

337. MANUEL DE L'AGRICULTEUR ÉGYPTIEN, par H. de Vecchi Bey, in 8°, Turin 1884. 1 vol. C. 464. *(Voyez n° 400)*.

Egypte (Bibliothèques).

338. CATALOGUE DE LA BIBLIOTHÈQUE KKÉDIVIALE DU CAIRE, 1 vol. in 4° 1892. C. 138.

Egypte (Canal de Suez)

339. ACTES CONSTITUTIFS DE LA Cie DU CANAL DE SUEZ, in 8°, Caire 1889. 1 vol. C. 463.

340. LE CANAL DE SUEZ, par L. Alloury in 12°, Paris 1882. 1 vol. D. 591.

341. CONVENTIONS AVEC LA COMPAGNIE DU CANAL DE SUEZ, in 8° Caire, 1887. 1 vol. C. 459.

342. DOCUMENTS D'ÉCONOMIE SOCIALE DE LA COMPAGNIE DU CANAL DE SUEZ, in 4°, Paris 1889. 1 vol. B. 195.

343. DOCUMENTS POUR SERVIR A L'HISTOIRE DU CANAL DE SUEZ, par F. de Lesseps, in 8°, Paris 1879. 5 vol. C. 535.

344. ORIGINES DU CANAL DE SUEZ, par F. de Lesseps, in 16°, Paris s. d. 1 vol. D. 592.

Egypte (Choléra).

345. LE CHOLÉRA EN EGYPTE EN 1883, par le Docteur D. Iconomopoulos, in 8°, Caire 1884. 1 vol. C. 471.

346. RAPPORT SUR LE CHOLÉRA A ALEXANDRIE en 1883, in 8°, Caire 1884. 1 vol. C. 442.

Egypte (descriptions, guides).

347. APERÇU GÉNÉRAL SUR L'EGYPTE, par Clot bey in 16°, Bruxelles 1840. 2 vol. D. 593.

348. DESCRIPTION DE L'EGYPTE, OU RECUEIL DES OBSERVATIONS ET RECHERCHES FAITES EN EGYPTE

PENDANT L'EXPÉDITION DE L'ARMÉE FRANÇAISE. Texte: 26 vol. in 8°, Atlas: 11 vol. in folio. C. 11.

349. DESCRIPTION DE L'EGYPTE, par l'abbé le Mascrier in 8°, Paris 1735. 1 vol. C. 571.

350. EN EGYPTE, par L. Hugonnet, in 12°, Paris 1883. 1 vol. D. 553.

351. L'EGYPTE, par Gabriel Charmes, in 12°, Paris 1891. 1 vol. D. 358.

352. L'EGYPTE, par G. Ebers, trad. G. Maspero, in 4°, Paris 1883. 2 vol. A. 2.

353. L'EGYPTE, par Jacques Hervé, in 12°, Paris 1883. 1 vol. D. 108.

354. L'EGYPTE, par R. Lacour, in 8°, Paris 1871. 1 vol. C. 601.

355. L'EGYPTE, SON AVENIR AGRICOLE ET FINANCIER, par F. Paponot, in 8°, Paris 1884. 1 vol. C. 477.

356. L'EGYPTE ACTUELLE, par A. Guillemin, in 8°, Paris 1867. 1 vol. C. 520.

357. L'EGYPTE CONTEMPORAINE, par Paul Merruau, in 8°, Paris 1864. 1 vol. C. 521.

358. VOYAGE EN EGYPTE, par V. Denon, in 8°, Paris 1829. 2 vol. C. 598. Planches, 1 vol. in folio.

359. VOYAGE DU SULTAN ABD-UL-AZIZ DE STAMBOUL AU CAIRE (1864), par L. Gardey, in 8°, Paris 1865. 1 vol. C. 607.

360. ITINÉRAIRE DE L'ORIENT, (MALTE, EGYPTE, NUBIE, ABYSSINIE, SINAÏ), par E. Isambert, in 12°, Paris 1891. 1 vol. D. 111.

Egypte (Ministère des Finances).

361. Procès-verbaux des Séances de la Commission d'enquête, in 4°, Caire 1878. 1 vol. B. 173.

362. Rapport préliminaire de la Commission d'enquête, in 4°, Alexandrie 1878. 1 vol. B. 172.

363. Rapport de la Commission d'enquête sur la Situation financière, in 4°, Caire 1879. 1 vol. B. 174.

364. Code de l'Administration financière en Egypte, in 8°, Caire 1892. 1 vol. C. 481.

365. Convention du 17 mars 1885, relative aux Finances de l'Egypte, in 8°, Caire 1885. 1 vol. C. 404.

366. Budgets du Gouvernement égyptien 1879-1881-1883-1886-1887-1888-1892-1893-1894, in 4°, Caire. 9 vol. B. 151.

367. Comptes comparatifs du Gouvernement Égyptien, 1880-1884, in 4°, Caire 1885. 1 vol. B. 153.

368. Compte général de l'Administration des Finances Égyptiennes de 1880 à 1892, in 4°, Caire. 13 vol. B. 152.

369. Loi de Liquidation du 19 juillet 1880, in 8°, Caire 1880. 1 vol. D. 485.

370. Note sur le Budget de 1889, par Sir Edgar Vincent, in 8°, Caire 1889. 1 vol. C. 403.

371. Rapport sur l'Exercice 1884 (Ministère des finances), in 8°, Caire 1885. 1 vol. D. 484.

372. Rapport sur les Opérations Monétaires de 1886, in 8°, Caire 1886. 1 vol. C. 406.

373. LA RÉFORME MONÉTAIRE EN EGYPTE 1885, in 8°, Le Caire. 1 vol. C. 394.

374. LE SYSTÈME MONÉTAIRE EN EGYPTE, in 4°, Alexandrie 1884. 1 vol. B. 159.

375. RAPPORT DU DIRECTEUR DU CADASTRE POUR 1880, in 8°, Caire 1881. 1 vol. D. 480.

376. RAPPORT DU DIRECTEUR DU CADASTRE POUR 1881, in 8°, Caire 1881. 1 vol. D. 481.

377. RAPPORT DU DIRECTEUR DU CADASTRE POUR 1882, in 8°, Caire 1882. 1 vol. D. 482.

378. RAPPORT SUR LES TRAVAUX DU CADASTRE EN 1883, in 4°, Caire 1884. 1 vol. B. 158.

379. RAPPORT SUR L'ADMINISTRATION DU CADASTRE POUR 1884, in 8°, Caire 1885. 1 vol. C. 407.

380. RAPPORT DE l'ADMINISTRATION DU CADASTRE POUR 1885, in 8°, Caire 1886. 1 vol. C. 408.

381. RAPPORT SUR LES TRAVAUX DU CADASTRE EN 1886, in 8°, le Caire 1887. 1 vol. C. 400.

382. RAPPORT SUR L'ADMINISTRATION DU CADASTRE EN 1887, in 8°, Caire 1888. 1 vol. C. 425.

383. RECUEIL DES CONTRATS DES EMPRUNTS, DÉCRETS, etc. in 8°, Caire 1892. 1 vol. C. 482.

384. RAPPORT SUR LE DROIT DE PESAGE, in 8°, Caire 1881. 1 vol. C. 397.

385. DÉCRET SUR LE SERVICE DES PÊCHERIES DE MATARIEH, in 8°, Caire, 1888. 1 vol. C. 401.

386. RAPPORT SUR L'ADMINISTRATION DE MATTARIEH in 8°, Caire 1881. 1 vol. C. 410.

387. DEUXIÈME RAPPORT SUR L'ADMINISTRATION DE MATARIEH, in 8°, Le Caire 1883. 1 vol. C. 398.

388. Loi sur les Patentes, in 8°, Caire 1891. 1 vol. D. 478.

389. Patentables étrangers de la ville d'Alexandrie, in 4°, Alexandrie 1891. 1 vol. B. 156.

390. Patentables étrangers de la ville du Caire, in 4° Caire 1891. 1 vol. B. 155.

391. Décret du 17 Décembre 1889 sur le Dégrèvement des Terres, in 8°, Caire 1890. 1 vol. D. 476.

392. Note sur la Classification des Terres, in 8°, Le Caire 1881. 1 vol. C. 402.

393. Rapport sur les Documents relatifs a l'Impôt Foncier, par Boutros bey Ghali, in 8°, Caire 1887. 1 vol. D. 486.

394. Réglement pour la Vente des Immeubles libres de l'Etat, in 8°, Caire 1886. 1 vol. D. 477.

395. Rapport sur le Service des Octrois en 1881, in 8°, Le Caire 1883. 1 vol. C. 399.

Egypte (Flore).

396. Illustration de la Flore d'Egypte, par G. Schweinfurth et Ascherson, in 8°, Caire 1887. 1 vol. C. 527.

Egypte (Propriété foncière).

397. La Propriété Foncière en Egypte, par Yacoub Artin Bey, in 8°, Caire 1882. 1 vol. C. 480.

Egypte (Géographie).

398. Les Cataractes du Nil, par E. de Gottberg, in 4°, Paris 1867. 1 vol. B. 225.

399. Géographie générale de l'Egypte, par D. de Buttafuoco, in 8°, Caire 1880. 1 vol. C. 441.

400. Le Nil, le Soudan, l'Egypte, par A. Chélu, in 4°, Paris 1891. 1 vol. B. 134.

Egypte (Gouvernement Egyptien).

401. Bulletin des Lois et Décrets du Gouvernement Égyptien 1889-1893, in 8°, Caire, 5 vol. C. 83.

402. Documents Officiels du Gouvernement Égyptien 1889-1893, in 8°, Caire. 8 vol. C. 82.

403. Journal Officiel du Gouvernement Égyptien 1892-1893, in 4°, Caire. 4 vol. B. 180.

404. Recensement général de l'Egypte (3 Mai 1883), in 4°, Caire 1884. 1 vol. B. 150.

405. Règlements et Cadres des Employés civils, in 8°, Caire 1887. 1 vol. C. 476.

Egypte (Guerre [Ministère de la).

406. Règlement des Recrues militaires égyptiennes, in 8°, Caire 1890. 1 vol. C. 466.

Egypte (Histoire générale).

407. Histoire de l'Egypte, par H. de Vaujany, in 8°, Paris 1885. 1 vol. C. 599.

408. Résumé de l'Histoire d'Egypte, par E. Amelineau, in 8°, Paris 1894. 1 vol. D. 617.

Egypte (Histoire du moyen âge et moderne).

409. Les actes des Martyrs de l'Église Copte, par E. Amelineau, in 8°, Paris 1890. 1 vol. C. 150.

410. La chute de Khartoum, par O. Borelli Bey, in 8°, Paris-Caire 1893. 1 vol. C. 474.

411. Documents Diplomatiques, Affaires d'Égypte 1884-1893, in 4°, Paris 1893. 1 vol. B. 182.

412. L'Egypte depuis la Conquête des Arabes jusqu'a Méhémet-Ali, par M. J. Marcel, in 8°, Paris 1877. 1 vol. C. 106.

413. Histoire de l'Expédition Française en Egypte, in 8°, Paris 1832. 10 vol. C. 602.

414. Histoire de Méhémet-Ali, par Paul Mouriez, in 8°, Paris 1855. 2 vol. C. 139.

415. Merveilles Biographiques et Historiques du Cheikh Abd el Rahman el Djabarti, in 4°, Caire 1888. 6 vol. B. 183.

Egypte (Hygiène).

416. Rapport sur l'Assainissement du Caire, in 8°, Caire 1892. 1 vol. D. 492.

Egypte (Instruction publique).

417. L'Instruction Publique en Egypte, par S. Edouard Dor, in 8°, Paris 1872. 1 vol. C. 606.

418. L'Instruction Publique en Egypte, par Yacoub Artin Pacha, in 8°, Paris 1890. 1 vol. C. 438.

Egypte (Ministère de l'Instruction publique).

418bis. Considérations sur l'Instruction Publique en Egypte, par Yacoub Artin Pacha, in 12°, Caire 1894. D. 618.

419. Programmes de l'Enseignement Primaire et Secondaire, in 12°, Caire 1892. 1 vol. D. 493.

420. Réformes effectuées en 1885 dans l'Enseignement Public, in 8°, Caire 1886. 1 vol. C. 439.

421. Deuxième Rapport sur l'Instruction Publique en Egypte, in 8°, Caire 1887. 1 vol. C. 440.

Egypte (Législation).

422. La législation Égyptienne annotée, 1re partie : Codes Égyptiens pour les Procès mixtes, par O. Borelli Bey et Paul Ruelens, in 4°, Caire 1892. 1 vol. B. 51.

423. La Législation en matière immobilière en Egypte, in 8°, Caire 1893. 1 vol. C. 136.

424. La Loi sur la Chasse, par Th. d'Aspréa, Alexandrie 1892. 1 vol. C. 588.

425. Loi sur la Propriété Territoriale, in 16°, Alexandrie 1875. 1 vol. D. 502.

426. Répertoire de Législation et de Jurisprudence Égyptienne, par P. Gelat, in 4°, Alexandrie 1888-1893. 2 vol. B. 193.

427. Statut Personnel Héllénique, par G. Poggio, Alexandrie 1892. 1 vol. C. 587.

428. Le Wakf, ou Immobilisation suivant le rite hannafite, par Adda et Ghalioungli, in 8°, Alexandrie 1893. 1 vol. C. 528.

Egypte (Musées).

429. Catalogue du Musée Gréco-Romain d'Alexandrie, par G. Botti, in 12°, Alexandrie 1893. 1 vol. D. 526.

430. Catalogue du Musée de Ghizeh, in 12°, Caire 1893. 1 vol. D. 527.

431. Notice des Monuments du Musée de Boulaq, par A. Mariette bey, in 8°, Paris 1869. 1 vol. C. 473.

432. Notice des Principaux Monuments du Musée de Boulaq, par A. Mariette bey, in 8°, Paris 1872. 1 Vol. C. 24.

Egypte (Observatoire Khédivial).

433. RECUEIL DES OBSERVATIONS FAITES A L'OBSERVATOIRE KHÉDIVIAL de 1883 à 1891, in 4°, Caire. 2 vol. B. 178.

434. OBSERVATIONS MÉTÉOROLOGIQUES DU CAIRE, in 4°, Caire 1893. 1 vol. B. 220.

Egypte (Revues).

435. LA RIVISTA EGIZIANA, Anni 1889-1893, in 8°, Alexandrie, 4 vol. B. 7 et 8.

436. LE SCARABÉE, 1889-1892, in 4°, Alexandrie, 3 vol. B. 9.

Egypte (Sociétés).

437. STATUTS DE LA SOCIÉTÉ DES EAUX DU CAIRE, in 8°, Caire 1887. 1 vol. C. 465.

Egypte (Sociétés savantes).

438. BULLETIN DE L'INSTITUT EGYPTIEN 1859-1861, 1875-1893, in 8° Caire. 16 vol. C. 81.

439. MÉMOIRES DE L'INSTITUT EGYPTIEN 1862-1889, in 4°, Caire. 2 vol. B. 179.

440. STATUTS ET CATALOGUE DE L'INSTITUT EGYPTIEN, in 8°, Caire 1885, 1 vol. C. 81.

441. BULLETIN DE LA SOCIÉTÉ KHÉDIVIALE DE GÉOGRAPHIE 1888-1892, in 8°, Caire. 2. vol. C. 536.

442. OPUSCULES ET RAPPORTS DIVERS DE LA SOCIÉTÉ KHÉDIVIALE DE GÉOGRAPHIE, par F. Bonola bey, 1883-1893. 1 vol. in 8°. C. 537.

Egypte (Soudan).

443. LE SOUDAN, par P. Frémaux, in 8°, Paris s.d. 1 vol. C. 191.

444. Le Soudan et le Nil Blanc, par Brun Rollet, in 8°, Paris 1855. 1 vol. C. 192.

Egypte (Ministère des Travaux publics).

445. Comité de Conservation des Monuments de l'Art Arabe, 1891, in 8°, Caire 1891. 1 vol. C. 437.

446. Rapport sur la Contribution des Touristes en 1890, par E. Grébaut, in 8°, Caire 1891. 1 vol. D. 489.

447. Rapport sur les Temples Egyptiens, par Grand bey, in 4°, Caire 1888. 1 vol. B. 169.

448. Etat des Batiments appartenant au Gouvernement, in 4°, Caire 1887. 1 vol. B. 161.

449. Note sur l'Entretien des Batiments de l'Etat, par M. Grand, in 8°, Caire 1886. 1 vol. D. 490.

450. Note sur les Propriétés du Gouvernement Égyptien a Constantinople, in 8°, Caire 1885. 1 vol. C. 424.

451. Note sur la Ville de Kosseir, in 8°, Caire 1886. 1 vol. D. 491.

452. Décret portant Règlement sur les Canaux, in 8°, Caire 1890. 1 vol. D. 488.

453. Décret et Règlement sur les machines élévatoires, in 4°, Caire 1891. 1 vol. B. 166.

454. Exposé sur les Irrigations d'Egypte, in 4°, Caire 1883. 1 vol. B. 165.

455. L'irrigation dans la Basse Egypte et le Canal Ibrahimieh, in 4°, Caire 1883. 1 vol. B. 167.

456. Note sur la Corvée en Egypte, par Col. Scott-Moncrieff, in 8°, Caire 1886. 1 vol. C. 422.

457. Rapport sur le Canal Ibrahimieh, par M. Scott-Moncrieff, in 4°, Caire 1884. 1 vol. B. 164.

458. Rapport sur l'Irrigation Pérenne et la Protection contre l'Inondation, par W. Willcocks, in 4°, Caire 1894. 1 vol. B. 228.

459. Rapport sur les Réservoirs du Nil, par Col. Scott-Moncrieff, in-8°, Caire 1891. 1 vol. C. 416.

460. Compte Rendu de l'Exercice du Tanzim 1884-1886, in 8°, Caire. 3 vol. C. 428-430.

461. Instructions relatives au Règlement du Tanzim, in 4°, Caire 1889. 1 vol. B. 160.

462. Règlement sur l'Occupation de la Voie publique, in 8°, Caire 1885. 1 vol. C. 423.

463. Règlement pour le Service du Tanzim, 1889, in 8°, Caire. 1 vol. D. 487.

464. Recherches sur les Gisements de Pétrole de la Mer Rouge, in 4°, Caire 1885. 1 vol. B. 162.

465. Compte Rendu des Exercices 1881-1882 du Ministère des Travaux Publics, in 4°, Alexandrie 1883. 1 vol. B. 168.

466. Recueil des Contrats du Ministère des Travaux publics, in 4°, Caire 1888. 1 vol. B. 163.

Egypte (Tribunaux de la Réforme).

467. Circulaires et Instructions pour les Greffes et les Huissiers, in 16°, Alexandrie 1889. 1 vol. D. 505.

468. Codes Egyptiens, précédés du règlement d'organisation judiciaire, in 12°, Caire 1890. 1 vol. D. 115.

469. Codes Egyptiens, précédés du décret Khédivial portant réorganisation des Tribunaux Indigènes, in 12°, Caire 1884. 1 vol. D. 116.

470. Commission de la Réforme Judiciaire; procès verbaux, mars-avril 1890, in 4°, Caire. 1 vol. B. 34.

471. De la Compétence des Tribunaux Mixtes en Egypte, par Abdalla Simaïka, in 8°, Paris 1892. 1 vol. C. 469.

472. Conventions et Protocoles relatifs a la Réforme Judiciaire, in 8°, Caire 1891. 1 vol. C. 454.

473. Dispositions sur l'Administration des Fonds Judiciaires, in 16°, Alexandrie 1878. 1 vol. D. 500.

474. Instructions de Comptabilité pour le Service Judiciaire mixte, in 16°, Caire 1890. 1 vol. D. 496.

475. Jurisprudence de la Cour d'Appel Mixte sur la Propriété Immobilière 1876-1891, in 8°, Caire 1892. 1 vol. C. 84.

476. Jurisprudence des Tribunaux de la Réforme de 1875 à 1890, in 8°, Alexandrie. 6 vol. C. 483.

477. Projet de Code pénal pour les Tribunaux de la Réforme, in 4°, Caire 1885. 1 vol. B. 33.

Égypte (Ministère de la Justice).

478. PROTOCOLES DE LA RÉFORME JUDICIAIRE, n°s 1 à 6, décembre 1880-janvier 1881, in 4°, Caire. 1 vol. B. 31.

479. PROTOCOLES DE LA RÉFORME JUDICIAIRE, mars-mai 1884, in 4°, Caire. 1 vol. B. 32.

480. RÈGLEMENT GÉNÉRAL JUDICIAIRE, in 16°, Alexandrie 1887. 1 vol. D. 504.

481. RÈGLEMENT D'ORGANISATION JUDICIAIRE, in 16°, Alexandrie 1876. 1 vol. D. 497.

482. SOUS-COMMISSION DE LA RÉFORME JUDICIAIRE, PROCÈS-VERBAUX DES SÉANCES, décembre 1880-février 1881, in 4° Cairo. 1 vol. B. 30.

483. STATISTIQUE DES JURIDICTIONS MIXTES 1876-1888, in 4°, Alexandrie. 1 vol. B. 177.

Égypte (Divers).

484. PROJETS DE CHEMIN DE FER DE L'EGYPTE A LA SYRIE, par A. G. Loutfy, in 8°, Caire 1891. 1 vol. C. 444.

485. PROJET DE RÉFORMES DE LA JEUNESSE ÉGYPTIENNE, in 8°, Alexandrie 1879. 1 vol. C. 443.

Égypte ancienne (Archéologie).

486. L'ANCIENNE ALEXANDRIE, par le Docteur Néroutzos bey, in 8°, Paris 1888. 1 vol. C. 489.

487. L'ARCHÉOLOGIE ÉGYPTIENNE, par G. Maspero, in 8°, Paris, 1 vol. C. 103.

488. L'ARCHÉOLOGIE ÉGYPTIENNE, par G. Maspero, in 8°, Paris s. d., 1 vol. C. 158.

489. Dictionnaire d'Archéologie Égyptienne, par Paul Pierret, in 12°, Paris 1875. 1 vol. D. 16.

490. L'Egypte Ancienne, Aperçu sur son Histoire, etc., par Al. M. de Zogheb, in 8°, Paris 1890. 1 vol. C. 475.

Égypte ancienne (Géographie).

491. Géographie Ancienne de la Basse-Égypte, par J. de Rougé, in 8°, Paris 1891. 1 vol. C. 114.

Égypte ancienne (Histoire).

492. Égypte Ancienne, par M. Champollion — Figeac in 8°, Paris 1876. 1 vol. C. 107.

493. Essai sur la Province Romaine d'Égypte, par Abdalla Bey Simaïka, in 8°, Paris 1892. 1 vol. C. 87.

494. Essai sur la Province Romaine d'Egypte, par Abdalla Bey Simaïka, in 8°, Paris 1892. 1 vol. C. 470.

495. Histoire Ancienne des Peuples de l'Orient, par G. Maspero, in 12°, Paris 1886. 1 vol. D. 64.

496. Histoire de l'Orient, par G. Maspero, in 12°, Paris 1891. 1 vol. D. 122.

497. Lectures Historiques, Egypte, Assyrie, par G. Maspero, in 16°, Paris 1892. 1 vol. D. 88.

498. Manuel de l'Histoire Ancienne de l'Orient, jusqu'aux Guerres Médiques, par François Lenormant, in 12°, Paris 1869. 3 vol. D. 15.

499. Mémoire sur l'Economie Politique de l'Egypte au temps des Lagides, par F. Robiou, in 8°, Paris 1875. C. 111.

500. RECHERCHES SUR LE CALENDRIER MACÉDONIEN EN ÉGYPTE, pur M. ROBIOU, in 4°, Paris 1876. 1 vol. B. 36.

501. RECHERCHES SUR L'ÉCONOMIE POLITIQUE DE L'EGYPTE SOUS LES LAGIDES, par G. Lumbroso, in 8°, Turin 1860. 1 vol. C. 94.

Égypte ancienne (Langue).

502. MANUEL DE LA LANGUE ÉGYPTIENNE, par V. Loret, in 4°, Paris 1889. 1 vol. B. 50.

Égypte ancienne (Littérature et religion).

503. BIBLIOTHÈQUE EGYPTOLOGIQUE, par G. Maspero, in 8°, Paris 1893. 2 vol. C. 583.

504. ETUDES ÉGYPTIENNES, par G. Maspero, in 4°, Paris 1889. 1 vol. B. 82.

505. HISTOIRE CRITIQUE DE l'ÉCOLE D'ALEXANDRIE, par E. Vacherot, in 8°, Paris 1851. 3 vol. C. 93.

506. HISTOIRE DE L'ÉCOLE D'ALEXANDRIE, par J. Matter, in 8° Paris 1844. 3 vol. C. 135.

507. HISTOIRE DE L'ÉCOLE D'ALEXANDRIE, par Jules Simon, in 8°, Paris 1845. 2 vol. C. 72.

508. LE LIVRE DES MORTS DES ANCIENS ÉGYPTIENS, traduction complète par Paul Pierret, in 18°, Paris 1882, 1 vol. D. 366.

509. MÉMOIRES publiés par les membres de la mission archéologique française au Caire, in f°, Paris 1884-1893, 16 vol. A. 13.

510. OUARDA, ROMAN DE L'ANTIQUE ÉGYPTE, par G. Ebers, in 12°, Paris 1882, 1 vol. D. 123.

511. LE PANTHÉON ÉGYPTIEN, par Paul Pierret, in 8°, Paris 1881. 1 vol. c. 53.

512. LA POÉSIE ALEXANDRINE SOUS LES TROIS PREMIERS PTOLÉMÉES, par Aug. Couat, in 8°, Paris 1882. 1 vol. C. 30.

Egypte ancienne (Numismatique).

513. NUMISMATIQUE, EGYPTE ANCIENNE, Collection G. de Demetrio, in 8°, Paris s.d. 2 vol. C. 54.

514. NUMISMATIQUE DES NOMES D'EGYPTE, par V. Langlois, in 4°, Paris 1882. 1 vol. B. 37.

Éloquence.

515. LA PAROLE, par P. Lafitte, in 16°, Paris 1885. 1 vol. D. 98.

Émaillerie.

Voyez « Verrerie.»

Emin-Pacha.

516. LA DÉLIVRANCE D'EMIN-PACHA, par J. Scott-Keltie, in 12°, Paris 1890. 1 vol. D. 32.

Enseignement.

517. ANNUAIRE DE L'ENSEIGNEMENT PRIMAIRE, pour 1893, in 16°, Paris. 1 vol. D. 540.

518. COURS DE LECTURE EXPLIQUÉE, par Léon Robert, in 12°, Paris 1889. 1 vol. D. 365.

519. DE L'ENSEIGNEMENT DES LANGUES ANCIENNES, par Michel Bréal, in 16°, Paris 1891. 1 vol. D. 530.

520. L'ENSEIGNEMENT PRIMAIRE, par Octave Gréard, in 12°, Paris 1889. 1 vol. D. 359.

521. L'Enseignement Secondaire, par Octave Gréard, in 12°, Paris 1889. 2 vol. D. 360.

522. L'Enseignement Supérieur, par Octave Gréard, in 12°, Paris 1887. 1 vol. D. 361.

523. Les Langues Vivantes dans l'Enseignement Primaire, par Michel Bréal, in 8°, Paris 1889. 1 vol. C. 109.

524. La Question du Latin, par Raoul Frary, in 12°, Paris 1887. 1 vol. D. 529.

Enseignement commercial.

525. Les Écoles de Commerce, par E. Léautey, in 8°, Paris 1887. 1 vol. C. 291.

526. Traité de Correspondance Commerciale, par E. Degranges, in 8°, Paris 1867. 1 vol. C. 290.

Ethiopie.

527. L'Ethiopie Méridionale, par Jules Borelli, in 4°, Paris 1890. 1 vol. B. 63.

Etrangères (Littératures).

528. Histoire des Littératures Étrangères, par J. Demogeot, in 16°, Paris 1892. 2 vol. D. 83.

Etrusque (Art).

529. L'Art Étrusque, par Jules Martha, in 4°, Paris 1889. 1 vol. B. 61.

Expositions.

530. L'Exposition Universelle de 1889, grand ouvrage illustré, historique, encyclopédique et descriptif, par E. Monod, in 4°, Paris 1890. 4 vol. B. 65.

Française (Langue).

531. Dictionnaire Complet Illustré, par Pierre Larousse, in 18°, Paris 1892. 1 vol. D. 132.

532. Dictionnaire Français illustré des Mots et des Choses, par Larive et Fleury, in 4°, Paris 1889. 3 vol. B. 20.

533. Dictionnaire Général de la Langue Française, par Ad. Hatzfeld et A. Darmesteter, in 4°, Paris 1891. 1 vol. B. 22.

534. Grammaire Française, par Gaston Da Costa, in 16°, Paris 1889. 4 vol. D. 86.

Française (Littérature).

535. Œuvres Oratoires de Bossuet, par l'abbé J. Lebarq, in 8^m, Paris 1892. 5 vol. C. 573.

536. Œuvres complètes de Buffon, in 4°, Paris 1863. 5 vol. B. 59.

537. Œuvres de P. L. Courier, par F. Sarcey, in 16°, Paris 1882. 3 vol. D. 584.

538. Œuvres complètes de Victor Hugo, in 8°, Paris s. d., 51 vol. C. 180.

538(a). Œuvres complètes de Voltaire, in 8°, 1784. 70 vol. C. 12.

539. Anthologie des Œuvres de J. Michelet, par M. Seignobos, in 12°, Paris 1889. 1 vol. D. 570.

540. Pages choisies, d'E. Renan, in 12°, Paris 1890. 1 vol. D. 558.

541. Lectures choisies de J.-J. Rousseau, par S. Rocheblave, in 12°, Paris s. d., 1 vol. D. 575.

542. Extraits des Causeries du lundi, par A. Pichon, in 12°, Paris 1892. 1 vol. D. 574.

543. Scènes et Portraits tirés de St-Simon, par M. F. Lhomme, in 8°, Paris s. d., 1 vol. C. 581.

544. Extraits en Prose de Voltaire, par A. Gasté, in 12°, Paris 1890. 1 vol. D. 561.

545. Œuvres choisies de Voltaire, par G. Bengesco, in 16°, Paris 1886. 1 vol. D. 586.

546. Œuvres choisies de Voltaire, par M. F. Lhomme, in 8°, Paris s. d., 1 vol. C. 580.

547. Lamennais, par E. Spuller, in 12°, Paris 1892. 1 vol. D. 562.

548. Mirabeau, par Edmond Rousse, in 16°, Paris 1891. 1 vol. D. 552.

549. L'art dans le Midi, par Et. Parrocel, in 16°, Marseille 1884. 1 vol. D. 519.

550. Les maîtres d'Autrefois, par Eug. Fromentin, in 12°, Paris 1876. 1 vol. D. 118.

551. Annales du Théatre et de la Musique, par Noël et Stoullig, in 12°, Paris 1881, 1 vol. D. 517.

552. Les Contemporains, par Jules Lemaître, in 16°, Paris 1887. 1 vol. D. 518.

553. Les Époques du Théatre Français, par F. Brunetière, in 12°, Paris 1893. 1 vol. D. 568.

554. Essais sur la Littérature Contemporaine, par F. Brunetière, in 12°, Paris 1893. 1 vol. D. 566.

555. Essais de Psychologie Contemporaine, par Paul Bourget, in 12°, Paris 1889. 1 vol. D. 36.

556. NOUVEAUX ESSAIS DE PSYCHOLOGIE CONTEMPORAINE, par Paul Bourget, in 12^{m}, Paris 1890. 1 vol. D. 35.

557. ETUDES CRITIQUES SUR L'HISTOIRE DE LA LITTÉRATURE FRANÇAISE, par F. Brunetière, in 12°, Paris 1891. 1 vol. D. 567.

558. ETUDES LITTÉRAIRES SUR LE 19e SIÈCLE, par E. Faguet, in 12°, Paris 1889. 1 vol. D. 37.

559. IMPRESSIONS DE THÉATRE, par J. Lemaître, in 12°, Paris 1891. 1 vol. D. 523.

560. LE ROMAN NATURALISTE, par F. Brunetière, in 12°, Paris 1892. 1 vol. D. 569.

561. LE THÉATRE ET LES MŒURS, par J. J. Weiss, in 12°, Paris 1889. 1 vol. D. 522.

562. HISTOIRE DE LA LITTÉRATURE FRANÇAISE, par A. Demogeot, in 16°, Paris 1892. 1 vol. D. 82.

563. PETITE HISTOIRE DE LA LITTÉRATURE FRANÇAISE, par A. Gazier, in 12°, Paris. s. d., 1 vol. D. 113.

564. TABLEAU DE LA POÉSIE FRANÇAISE AU 16e SIÈCLE, par Sainte-Beuve, in 12°, Paris 1886. 1 vol. D. 114.

565. LETTRES A LAMARTINE, par Mme V. de Lamartine, in 12°, Paris 1892. 1 vol. D. 577.

566. FEUILLES DÉTACHÉES, par Ernest Renan, in 12°, Paris 1892. 1 vol. D. 105.

567. FEUILLES DÉTACHÉES, par E. Renan, in 8°, Paris 1892. 1 vol. C. 577.

568. A. de Lamartine par Lui-Même, in 12°, Paris 1892. 1 vol. D. 576.

569. Mémoires d'outre-tombe, par Châteaubriand, in 4°, Paris 1860. 5 vol. B. 192.

570. Mon Journal, par J. Michelet, in 12°, Paris 1888. 1 vol. D. 571.

571. Souvenirs d'Age Mûr, par Francisque Sarcey, in 12°, Paris 1892. 1 vol. D. 509.

572. Souvenirs d'Enfance et de Jeunesse, par Ernest Renan, in 8°, Paris 1883. 1 vol. C. 179.

573. Souvenirs d'Enfance et de Jeunesse, par E. Renan, in 8°, Paris 1883. 1 vol. C. 574.

574. Souvenirs de Quarante Ans, par Ferdinand de Lesseps, in 8°, 1887. 2 vol. C. 534.

575. L'avenir de la Science, par E. Renan, in 8°, Paris 1890. 1 vol. C. 576.

576. Œuvres de Nicolas Boileau-Despréaux, in 8°, Dresde 1767. 1 vol. C. 48.

577. Fables de la Fontaine, par Buffon, in 12°, Paris s. d., 1 vol. D. 563.

578. Œuvres poétiques de A. Chenier, par E. Manuel, in 16°, Paris 1884. 1 vol. D. 585.

579. L'Ame Nue, par Edmond Haraucourt, in 12°, Paris 1885. 1 vol. D. 371.

580. Les Chansons des Rues et des Bois, par Victor Hugo, in 16°, Paris 1869. 1 vol. D. 516.

581. Jocelyn, par A. de Lamartine, in 12°, Paris 1855. 1 vol. D. 472.

582. L'Argent, par Emile Zola, in 12°, Paris 1891. 1 vol. D. 515.

583. Aventures d'un Héritier a travers le Monde par L. Boussenard, in 12°, Paris 1885. 1 vol. D. 521.

584. Les Contes Drôlatiques, par H. de Balzac, in 8°, Paris s. d., 1 vol. C. 112.

585. Les Employés, par H. de Balzac, in 12°, Paris 1892. 1 vol. D. 579.

586. Eugénie Grandet, par H. de Balzac, in 12°, Paris 1891. 1 vol. D. 578.

587. L'Exilée, par P. Loti, in 12°, Paris 1893. 1 vol. D. 564.

588. Histoire d'Amour, par Paul Deroulède, in 16°, Paris 1890. 1 vol. D. 512.

589. Le Jardin de Bérénice, par Maurice Barrès, in 12°, Paris 1891. 1 vol. D. 510.

590. Maurianne, par P. Regnal, in 16°, Paris, 1 vol. D. 520.

591. Paul et Virginie, par B. de St-Pierre, ill. par M. Leloir, in 4°, Paris. 1 vol. B. 211.

592. Le Père Goriot, par H. de Balzac, in 12°, Paris 1891. 1 vol. D. 580.

593. Romans Nationaux, par Erckmann-Chatrian, in 4°, Paris 1865. 1 vol. B. 188.

594. Théatre de Corneille, par V. Fournel, in 16°, Paris 1887. 5 vol. D. 582.

595. Œuvres Complètes de Molière, illustrées de nombreuses vignettes, in 4°, Paris s. d., 2 vol. B. 57.

596. Théatre choisi de Marivaux. par L. Moland, in 12°, Paris s. d , 1 vol. D. 565.

597. Théatre de Molière, par G. Monval, in 16°, Paris 1882. 8 vol. D. 581.

598. Théatre de J. Racine, par V. Fournel, in 16°, Paris 1887. 3 vol. D. 583.

599. Théatre de Sedaine, par L. Moland, in 12°, Paris 1878. 1 vol. D. 573.

France (Histoire de).

600. Archéologie celtique et gauloise, par A. Bertrand, in 8°, Paris 1876. 1 vol. C. 578.

601. L'Archimandrite Païsi et l'Ataman Atchinoff, par V. de Constantin, in 8°, Paris 1891. 1 vol. D. 511.

602. Dictionnaire des Institutions, Mœurs et Coutumes de la France, par A. Chéruel, in 16°, Paris 1884. 2 vol. D. 71.

603. Documents inédits sur l'Histoire de France, in 4°, Paris, 1852-1886. 6 vol. B. 66.

604. L'Expansion coloniale de la France, par J. L. de Lanessan, in 8°, Paris 1886. 1 vol. C. 155.

605. La France du Centenaire, par Edouard Goumy, in 12°, Paris 1889. 1 vol. D. 47.

606. La France coloniale, par Alfred Rambaud, in 8°, Paris 1888. 1 vol. C. 160.

607. La France et la Prusse avant la Guerre, par le duc de Grammont, in 8°, Paris 1872. 1 vol. C. 496.

608. La Gaule avant les Gaulois, par A. Bertrand, in 8°, Paris 1884. 1 vol. C. 579.

609. Histoire de la Civilisation Française, par A. Rambaud, in 12°, Paris 1889. 3 vol. D. 102.

610. Histoire de deux siècles, par Alexandre Dumas, in 4°, Paris s.d. 2 vol. B. 184.

611. Histoire de France, par V. Duruy, in 12°, Paris 1870. 2 vol. D. 31.

612. Histoire de France, par V. Duruy, in 16°, Paris 1888. 2 vol. D. 63.

613. Histoire de France Populaire, par H. Martin, in 4°, Paris (1882). 7 vol. B. 219.

614. Histoire de Louis-Philippe, par Ed. Zevort, in 32°, Paris 1885. 1 vol. D. 544.

615. Histoire de la Restauration, par Frédéric Lock, in 32°, Paris s.d. 1 vol. D. 543.

616. Histoire de la Révolution Française, par Louis Blanc, in 8°, Paris 1847. 9 vol. C. 487.

617. Histoire de la Révolution Française, par J. Michelet, in 4°, Paris 1889. 5 vol. B. 218.

618. Histoire de la Révolution Française, par A. Thiers, in 4°, Paris 1866. 2 vol. B. 58.

619. Histoire de la Révolution Française, par A. Thiers, in 8°, Bruxelles 1844. 2. vol. C. 566.

620. Histoire de la Seconde République, par Ernest Hamel, in 8°, Paris 1894. 1 vol. C. 148.

621. Lous XIV et son Siècle, par Alexandre Dumas, in 4°, Paris 1864. 2 vol. B. 185.

622. Les Mystères des Vieux Chateaux de France, par A. B. Le François, in 4°, Paris 1865. 3 vol. B. 186.

623. Scènes et Épisodes de l'Histoire Nationale, par Charles Seignobos, in f°, Paris 1891. 1 vol. A. 14.

Géographie.

624. Atlas de Géographie Moderne, par Schrader, Prudent et Anthoine, in folio, Paris 1890. 1 vol. A. 12.

625. Petit Atlas Moderne, in 8°, Paris s.d. 1 vol. C. 85.

626. Annales de Géographie, par Vidal Lablache et Marcel Dubois, in 8°, Paris 1891-1892. 1 vol. C. 104.

627. Dictionnaire de Géographie Universelle, par Vivien de Saint-Martin, in 4°, Paris 1879-1892. 6 vol. B. 35.

628. France, Algérie et Colonies, par Onésime Reclus, in 16°, Paris 1885. 1 vol. D. 74.

629. Géographie Physique Comparée, par A. Guyot, 12°, Paris 1888. 1 vol. D. 20.

630. Géographie Universelle, par Malte-Brun, in 8°, Paris s.d. 8 vol. C. 488.

631. Introduction a l'Étude de la Géographie, par un Marin, in 12 Paris, s.d. 1 vol. D. 22.

632. Le Nil, son Bassin et ses Sources, par F. de Lanoye, in 12°, Paris 1869. 1 vol. D. 120.

633. NOUVELLE GÉOGRAPHIE UNIVERSELLE d'Elisée Reclus, in 4°, Paris 1883-1893. 18 vol. B. 217.

634. NOUVELLES GÉOGRAPHIQUES, publiées par F. Schrader, in 8°, Paris 1891. 1 vol. C. 189.

635. LE PARAGUAY, par le Comte de Lambel, in 8°, Tours 1878. 1 vol. C. 137.

636. PRÉCIS DE GÉOGRAPHIE GÉNÉRALE, par E. Levasseur, in 12°, Paris 1887. 1 vol. D. 24.

637. LA TERRE, GÉOGRAPHIE PHYSIQUE ET ECONOMIQUE, par Vidal-Lablache, in 12°, 1 vol. D. 21.

638. LA TERRE ET L'HOMME, par Alf. Maury, in Paris 1891. 1 vol. D. 72.

639. LA TERRE A VOL D'OISEAU, in 16°, Paris 1889. 2 vol. D. 73.

640. LA TERRE, LES MERS ET LES CONTINENTS, in 4°, Paris 1892. 1 vol. B. 40.

Géologie.

641. BOTANIQUE, GÉOLOGIE, par S. Meunier, in 16°, Paris 1886. 1 vol. D. 91.

642. LA TERRE AVANT L'APPARITION DE L'HOMME, par F. Priem, in 4°, Paris 1893. 1 vol. 226.

643. HISTOIRE DE LA GÉOLOGIE, par F. Hœfer, in 16°, Paris 1882. 1 vol. D. 75.

Grecques (Antiquités).

644. ANTIQUITÉS GRECQUES, par G. F. Schoemann, in 8°, Paris 1884, 2 vol. C. 100.

645. DICTIONNAIRE DES ANTIQUITÉS GRECQUES ET ROMAINES, par Daremberg & Saglio, A à FAS, in 4°, Paris 1877-1892. 3 vol. B. 27.

646. ICONOGRAPHIE GRECQUE, par E. Q. Visconti in 8°, Milan 1824. 3 vol. C. 59.

647. MANUEL D'ARCHÉOLOGIE GRECQUE, par M. Collignon, in 8°, Paris 1 vol. C. 102.

648. MANUEL D'ARCHÉOLOGIE GRECQUE, par Maxime Collignon, in 8°, Paris s. d. 1 vol. C. 157.

649. LES STATUETTES DE TERRE CUITE DANS L'ANTIQUITÉ, par E. Pottier, in 16°, Paris 1890. 1 vol. D. 97.

650. LA VIE PRIVÉE ET LA VIE PUBLIQUE DES GRECS, (lectures historiques), par P. Guiraud in 16°, Paris 1890. 1 vol. D. 87.

651. TABLAI ÉGYPTIENNES A INSCRIPTIONS GRECQUES, par E. Le Blant, in 8°, Paris 1875. 1 vol. C. 95.

Grecque (Histoire).

652. L'ASIE SANS MAITRE, par Jurien de la Gravière, in 12°, Paris 1883. 1 vol. D. 352.

653. ASPASIE, CLÉOPATRE, THÉODORA, par H. Houssaye, in 16, Paris 1891. 1 D. 532.

654. LA CONQUÊTE DE L'INDE, par Jurien de la Gravière, in 12°, Paris 1884. 1 vol. D. 354.

655. LE DÉMEMBREMENT DE L'EMPIRE, par Jurien de la Gravière, in 12°, Paris 1884. 1 vol. D. 355.

656. LE DRAME MACÉDONIEN, par Jurien de la Gravière, in 12°, Paris 1883. 1 vol. D. 351.

657. L'HÉRITAGE DE DARIUS, par Jurien de la Gravière, in 12°, Paris 1883. 1 vol. 353.

658. HISTOIRE GRECQUE, par V. Duruy, in 16°, Paris 1889. 1 vol. D. 59.

659. HISTOIRE DE L'HELLÉNISME, par J. G. Droysen, traduite en français, par A. Bouché-Leclercq, in 8°, Paris 1883-1885. 3 vol. C. 13.

660. LECTURES HISTORIQUES (Grèce), par P. Guiraud, in 12°, Paris 1890. 1 vol. D. 557.

Grecque (Langue).

661. ABRÉGÉ DU DICTIONNAIRE GREC-FRANÇAIS, par A. Alexandre, in 8°, Paris 1878. 1 vol. C. 28.

662. GRAMMAIRE GRECQUE, par Alf. Croiset & J. Petitjean, in 16°, Paris 1893. 1 vol. D. 89.

663. GRAMMAIRE GRECQUE, par Guérard & Passerat, in 8°, Paris 1867. 1 vol. C. 43.

664. PRÉCIS DE GRAMMAIRE COMPARÉE DU GREC ET DU LATIN, par V. Henry, in 8°, Paris 1888, 1 vol. C. 32.

Grecque (Littérature).

665. CHEFS-D'ŒUVRE DE DÉMOSTÊNES & D'ESCHINE, traduction française de J. F. Stiévenart, in 12°, Paris 1865. 1 vol. D. 41.

666. HISTOIRE DE LA LITTÉRATURE GRECQUE, par Alexis Pierron, in 12°, Paris 1869. 1 vol. D. 29.

667. HISTOIRE DE LA LITTÉRATURE GRECQUE, par A. Pierron, in 16°, Paris 1889. 1 vol. D. 81.

668. ŒUVRES COMPLÈTES D'HOMÈRE, traduction P. Giguet, in 12°, Paris 1869. 1 vol. D. 370.

669. TRAGÉDIES DE SOPHOCLE, traduites par M. Artaud, in 12°, Paris 1867. 1 vol. D. 40.

670. THÉATRE DES GRECS, traduction du P. Brumoy, in 12°, Paris 1787. 13 vol. D. 9.

Grèce moderne (langue).

671. Dictionnaire Grec Moderne - Français et Français-Grec Moderne, par S. D. Byzantios, in 8°, Athènes 1846. 1 vol. C. 20.

672. Dictionnaire Grec Moderne - Français et Français-Grec Moderne, par S. D. Byzantios. in 8°, Athènes 1883. 1 vol. C. 29.

Grèce contemporaine.

673. La Grèce Nouvelle, par Léon Hugonnet, in 12°, Paris s.d. 1 vol. D. 34.

Histoire.

674. Les Corsaires Barbaresques, par Jurien de la Gravière, in 12°, Paris 1887. 1 vol. D. 356.

675. Dictionnaire Historique portatif, par l'abbé Ladvocat, in 8°, Paris 1755. 2 vol. D. 4.

676. L'Europe et la Révolution Française, par Albert Sorel, in 8°, Paris 1887-1892. 4. vol. C. 147.

677. Histoire Contemporaine, de 1789 à 1889, par E. Maréchal, in 16°, Paris 1891. 2 vol. D. 101.

678. Histoire Contemporaine 1789-1890, par Suérus et Guillot, in 12°, Paris 1893. 1 vol. D. 110.

679. Histoire Générale, par V. Duruy, in 12°, Paris 1891. 1 vol. D. 57.

680. Histoire Générale du IVe Siècle a nos jours, par Lavisse et Rambaud, in 8°, Paris 1892-1894. 4 vol. C. 564.

681. Les Miettes de l'Histoire, par Aug. Vacquerie, in 8°, Paris (1864). 1 vol. C. 36.

682. Précis d'Histoire Universelle, a l'usage des Écoles Égyptiennes, par A. Walberg bey Dzierzanowski, in 12°, Caire 1891. 2 vol. D. 524.

683. Œuvres Choisies de A. J. Letronne, in 8°, Paris 1881-1885. 6 vol. C. 91.

684. Revue Historique, dirigée par G. Monod et G. Fagniez. Année 1876, in 8°, Paris, 2 vol. C. 178.

685. Tableaux Synoptiques d'Histoire Contemporaine, par H. Briand, in 4° Paris. 1 vol. B. 41.

686. Les Traditions Indo-Asiatiques, par Louis Jacolliot, in 8°, Paris 1876. 1 vol. C. 173.

687. Les Traditions Indo-Européennes et Africaines, par L. Jacolliot. 1 vol. C. 174.

Histoire naturelle.

688. Curiosités de l'Histoire Naturelle, par H. de Varigny, in 12°, Paris 1892. 1 vol. D. 531.

689. Dictionnaire Universel d'Histoire Naturelle, par Ch. d'Orbigny, in 8°, Paris 1844. 16 vol. C. 51.

690. Histoire Naturelle, par J. Langlebert, in 12°, Paris 1891. 1 vol. D. 106.

Histoire religieuse.

691. Les Apôtres, par Ernest Renan, in 8°, Paris 1886. 1 vol. C. 509.

692. La Bible dans l'Inde, par L. Jacolliot, in 8°, Paris 1876. 1 vol. C. 175.

693. Bossuet Historien du Protestantisme, par A. Rébelliau, in 8°, Paris 1892. 1 vol. C. 582.

694. CHRISTNA ET LE CHRIST, par Louis Jacolliot, in 8°, Paris 1874. 1 vol. C. 168.

695. ETUDES D'HISTOIRE RELIGIEUSE, par E. Renan in 8°, Paris. 1880. 1 vol. C. 575.

696. FÉTICHISME, POLYTHÉISME, MONOTHÉISME, par L. Jacolliot, in 8°, Paris 1876. 1 vol. C. 176.

697. LES FILS DE DIEU, par Louis Jacolliot, in 8°, Paris 1873. 1 vol. C. 167.

698. LA GENÈSE DE L'HUMANITÉ, par Louis Jacolliot, in 8°, Paris 1875. 1 vol. C. 170.

699. HISTOIRE DES VIERGES, par Louis Jacolliot, in 8°, Paris 1894. 1 vol. C. 169.

700. MANOU, MOÏSE, MAHOMET, par L. Jacolliot, in 8°, Paris 1876. 1 vol. C. 177.

701. LES RÉSULTATS DE L'EXÉGÈSE BIBLIQUE, par Maurice Vernes, in 16°, Paris 1890. 1 vol. D. 535.

Horticulture.

702. FLEURS DE PLEINE TERRE, par Vilmorin Andrieux et Cie, in 8°, Paris 1894. 1 vol. C. 593.

Industrie.

703. LES FORCES DE L'INDUSTRIE, par L. Bourdeau, in 8°, Paris 1884. 1 vol. C. 38.

Italie.

704. L'ITALIE, SES FINANCES ET SON DÉVELOPPEMENT ÉCONOMIQUE, par Isidore Sachs, in 8°, Paris 1885. 1 vol. C. 295.

705. NOUVEAU GUIDE DU VOYAGEUR EN ITALIE, par Artaria, in 8°, Milan 1841. 1 vol. D. 555.

706. Histoire Résumée d'Italie, par J. Zeller, in 16°, Paris 1886. 1 vol. D. 68.

707. Grand Dictionnaire Français-Italien et Italien-Français, par Ferrari et Caccia, in 4°, Paris s. d. 1 vol. B. 46.

708. Eléments de la Grammaire Italienne, par J. Pezzillo, in 12°, Paris 1845. 1 vol. D. 469.

709. La Divine Comédie de Dante Alighieri, traduction française de P. A. Fiorentino, in 16°, Paris 1868. 1 vol. D. 534.

710. Histoire de la Littérature Italienne, par L. Etienne, in 16°, Paris 1884. 1 vol. D. 85.

711. La Jérusalem Délivrée, du Tasse, traduction de Le Prince le Brun, in 8° Paris 1840. 1 vol. C. 518.

712. Les Grands Peintres, Ecole d'Italie, par Henry Axenfeld, in 4°, Paris 1888. 1. vol. B. 55.

Japon.

713. Excursions au Japon, par G. Goudareau, in 4°, Paris s.d. 1 vol. B. 73.

Juive (histoire).

714. Histoire des Machabées, par F. de Saulcy, in 8°, Paris 1880. 1 vol. C. 152.

Juive (législation).

715. Législation Juive du Talmud, par le Dr J. M. Rabbinowicz, in 8°, Paris 1880. 5 vol. C. 333.

Latins (auteurs).

716. Œuvres complètes de Cicéron avec traduc-

TION FRANÇAISE, ed. Panckoucke, in 8°, Paris 1835. 36 vol. C. 486.

717. COLLECTION DES AUTEURS LATINS, sous la direction de G. Nisard, in 8°, Paris. 29 vol. C. 572.

718. FABLES DE PHÈDRE, TEXTE ET TRADUCTION, par L. Hervieux, in 12°, Paris 1881. 1 vol. D. 364.

719. ŒUVRES COMPLÈTES DE VIRGILE, traduites en français par Th. Cabaret Dupaty, in 12°, Paris 1867. 1 vol. D. 348,

720. PUBLII VIRGILII MARONIS OPERA, nouvelle édition classique par E. Benoist, in 16°, Paris 1873. 1 vol. D. 27.

Latine (Epigraphie).

721. COURS D'EPIGRAPHIE LATINE, par René Cagnat, in 8°, Paris 1890. 1 vol. C. 166.

Latine (langue).

722. NOUVEAU DICTIONNAIRE LATIN-FRANÇAIS, par Benoit et Goelzer, in 4°, Paris 1893. 1 vol. B. 47.

Longitudes (bureau des).

723. ANNUAIRE DU BUREAU DES LONGITUDES, année 1893, in 16°, Paris 1892. 1 vol. D. 138.

Louvre (Musée du).

724. VOYAGE AUTOUR DU SALON CARRÉ DU MUSÉE DU LOUVRE, par F. A. Gruyer, in folio, Paris 1891. 1 vol. A. 16.

Manuscrits.

725. LES MANUSCRITS ET LES MINIATURES, par Auguste Molinier, in 16°, Paris 1892. 1 vol. D. 96,

Mariage.

726. Hygiène et Physiologie du Mariage, par A. Debay, in 12°, Paris 1883. 1 vol. D. 347.

Mathématiques.

727. Histoire des Mathématiques, par F. Hoefer, in 16°, Paris 1886. 1 vol. D. 77.

Mécanique.

728. Précis de Mécanique, par E. Burat, in 16°, Paris 1885. 1 vol. D. 51.

Médecine.

729. Comment on Soigne les Enfants Malades, par Ch. West, in 12°, Genève 1864. 1 vol. D. 550.

730. Examen des Doctrines Médicales, par F. Broussais, in 8°, Paris 1829. 4 vol. C. 116.

731. Hépatite Aigüe des Pays Chauds, par le Dr A. Comanos Pacha, Alexandrie 1893. 1 vol. C. 586.

732. Histoire de la Médecine, par J. M. Guardia, in 12°, Paris 1884. 1 vol. D. 48.

733. Trésor Médicinal des Familles, par Durand-Caubet, in 8°, Paris 1891. 1 vol. C. 517.

Médecine légale.

734. Droit Médical ou Code des Médecins, par A. Lechopié et Dr Ch. Floquet, in 12°, Paris 1890. 1 vol. D. 349.

Mémoires.

735. Mémoires, Documents, etc., laissés par le

Prince de Metternich, in 8°, Paris 1880. 2 vol. C. 497.

Métal (Art du).

736. HISTOIRE ARTISTIQUE DU MÉTAL, par René Ménard, in folio, Paris 1881. 1 vol. A. 17.

Météorologie.

737. L'ATMOSPHÈRE, MÉTÉOROLOGIE POPULAIRE, par Camille Flammarion, in 4°, Paris 1888. 1 vol. B. 80.

Minéralogie.

738. HISTOIRE DE LA MINÉRALOGIE, par F. Hœfer, in 16°, Paris 1882. 1 vol. D. 72.

Miniature.

739. LES MANUSCRITS ET LES MINIATURES, par Aug. Molinier, in 16°, Paris 1892. 1 vol. D. 96.

Morale civique.

740. LE PATRIOTE, par Paul Bourde, in 12°, Paris 1883. 1 vol. D. 513.

Moyen-Age (Art du).

741. LE TREIZIÈME SIÈCLE ARTISTIQUE, par A. Lecoy de la Marche, in 4°, Lille 1889. 1 vol. B. 54.

Moyen-Age (Histoire du).

742. HISTOIRE DE L'EUROPE ET DE LA FRANCE de 395 à 1270, par C. Bémont et G. Monod. in 12°, Paris, 1891, 1 vol. D. 104.

743. HISTOIRE DU MOYEN-AGE, par V. Duruy, in 16°, Paris 1890. 1 vol. D. 61.

Musique.

744. L'ÉTUDE DU PIANO, CONSEILS PRATIQUES, par H. Parent, in 16°, Paris, 1872. 1 vol. D. 538.

Navale (École).

745. HISTOIRE DE L'ÉCOLE NAVALE ET DES INSTITUTIONS QUI L'ONT PRÉCÉDÉE, par un ancien officier, in 4°, Paris 1889. 1 vol. B. 71.

Navigation.

746. LES CABOTEURS ET PÊCHEURS DE LA CÔTE DE TUNISIE, par P. A. Hennique, in 8°, Paris 1888. 1 vol. C. 144.

747. LA NAVIGATION MARITIME, par E. Lisbonne, in 8°. Paris s. d. 1 vol. C. 143.

Oiseaux (Vol des).

748. LE VOL DES OISEAUX, par E. J. Marey, in 8°, Paris 1890. 1 vol. C. 165.

Orient.

749. CHRONIQUES D'ORIENT (1883-1890) par Salomon Reinach, in 8°, Paris 1891. 1 vol. C. 146.

Orient (Extrême).

750. L'EXTRÊME ORIENT, par Paul Bonnetain, in 4°, Paris 1890. 1 vol. B. 69.

751. VOYAGE DANS LES MERS DE CHINE, par Jurien de la Gravière, in 12°, Paris 1885, 2 vol. D. 357.

Orientale (Archéologie).

752. MANUEL D'ARCHÉOLOGIE ORIENTALE, par Ernest Babelon, in 8°, Paris s. d. 1 vol. C. 156.

Palestine.

753. Voyage en Orient, Jérusalem, par le R.P. de Damas, in 8°, Paris s. d. 1 vol. C. 501.

Pariah.

754. Le Pariah dans l'Humanité par L. Jacolliot, in 8°, 1 vol. C. 172.

Paris.

755. Autour de Paris, par Louis Barron, illustrations de G. Fraipont, in folio, Paris 1891, 1 vol. A. 15.

756. Le Vieux Paris, Fêtes et Spectacles, par Victor Fournel, in 4°, Tours 1887. 1 vol. B. 68.

Philologie.

757. La Philologie Classique, par Max Bonnet, in 8°, Paris 1 vol. C. 108.

Philosophie.

758. Éléments de Philosophie Scientifique, par H. Joly, in 16°, Paris 1887. 1 vol. D. 107.

759. La Philosophie, par André Lefèvre, in 12°, Paris 1879. 1 vol. D. 117.

760. La Physiologie de l'Esprit, par F. Paulhan, in 16°, Paris s. d., 1 vol. D. 133.

761. Dictionnaire des Sciences Philosophiques, par Ad. Frank, in 8°, Paris 1875. 1 vol. C. 25.

762. Histoire de la Philosophie, par Alf. Fouillée, in 8°, Paris 1875. 1 vol. C. 35.

Philosophie ancienne.

763. De la Morale de Plutarque, par Octave Gréard, in 12°, Paris 1885. 1 vol. D. 362.

Physiologie.

764. Anatomie, Physiologie, Zoologie, par S. Meunier, in 16°, Paris 1890. 1 vol. D. 90.

765. Les Fonctions du Cerveau, par Jules Soury, in 8°, Paris 1892. 1 vol. C. 507.

Physique.

766. Cours de Physique, par A. Ganot, in 12°, Paris 1881. 1 vol. D. 30.

767. Histoire de la Physique, par F. Hœfer, in 16°, Paris 1892. 1 vol. D. 78.

768. Précis de Physique, par E. Fernet, in 16°, Paris 1873. 1 vol. D. 50.

Préhistoriques (Temps).

769. L'Enfance de l'Humanité, par le Dr Verneau, in 16°, Paris 1890. 1 vol. D. 99.

Psychologie infantile.

770. Les Trois Premières Années de l'Enfant, par B. Perez, in 12°, Paris 1878. 1 vol. D. 43.

Quinet, Edgar.

771. Œuvres complètes d'Edgar Quinet, in 12°, Paris s. d. 6 vol. D. 38.

Religion Chrétienne.

772. L'imitation de Jésus-Christ, traduction par

l'Abbé F. de Lamennais, in 4°, Paris 1875, 1 vol. B. 56.

Reliure.

773. MANUEL COMPLET DU RELIEUR, par S. Lenormand, in 32°, Paris 1879. 1 vol. D. 541.

Revues.

774. ANNUAIRE DE L'ASSOCIATION POUR L'ENCOURAGEMENT DES ÉTUDES GRECQUES EN FRANCE, in 8°, Paris, 1867-1887. 19 vol. C. 68.

775. BIBLIOTHÈQUE UNIVERSELLE ET REVUE SUISSE. Tomes 46 à 52 (1873) in 8°, Lausanne 7 vol. C. 565.

776. LE COURRIER LITTÉRAIRE, 1876-1878, in 8°, Paris. 1 vol. C. 512.

777. LA LECTURE, RECUEIL BIBLIOGRAPHIQUE, années 1880-1884, in 8°, Genève. 1 vol. C. 511.

778. LA LECTURE, MAGASIN LITTÉRAIRE, BI-MENSUEL, in 8°, Paris, 3 vol. C. 532.

779. LA NOUVELLE REVUE, années 1885-1892, in 8°, 36 vol. C. 117.

780. LE POLYBIBLION, REVUE BIBLIOGRAPHIQUE 1893, in 8° Paris. 2 vol. 567 C.

781. REVUE ARCHÉOLOGIQUE Juillet-Décembre 1892, et 1893. 3 vol. C. 125.

782. REVUE CRITIQUE D'HISTOIRE ET DE LITTÉRATURE, Années 1891 à 1893, in 8°, Paris. 6 vol. C. 61.

783. REVUE DES DEUX MONDES, années 1881. Janvier-Février, Mai-Juin 1884, 1885, 1886-1892 (Septembre-Décembre) 1893, in 8°, Paris. 16 vol. C. 123.

784. La Revue Encyclopédique, in 4°, 1891-1893, Paris. 3 vol. B. 5.

785. Revue des Etudes Grecques, Années 1888-1893, in 8° Paris. 6 vol. C. 60.

786. Revue Politique et Littéraire, 1870-1877-1893, in 4°, Paris. 5 vol. B. 24.

788. Revue des Cours Scientifiques et Revue Scientifique, 1868-1869, 1892-1893, in 4°, Paris. 8 vol. B. 23.

788. Revue Universelle des Inventions Nouvelles, par H. Farjas, in 4° 1891. 1 vol. B. 224.

Romanes (Langues).

789. Grammaire des langues romanes, par Aug. Diez, trad. A. Brachet, in 8°, Paris 1874-1876. 3 vol. C. 34.

Romaine (Histoire).

790. L'Armée Romaine d'Afrique et l'Occupation militaire de l'Afrique sous les empereurs, par René Cagnat, in 4°, Paris 1892. 1 vol. B. 77.

791. Histoire du Bas-Empire, par Ch. Le Beau, in 8°, Paris 1819. 13 vol. C. 16.

792. Histoire Romaine, par V. Duruy, in 16° Paris 1889. 1 vol. D. 60.

793. Mœurs romaines du règne d'Auguste a la fin des Antonins, par L. Friedlander, trad. par Ch. Vogel, in 8°, Paris 1865-1874. 4 vol. C. 70.

794. MITHRIDATE EUPATOR, ROI DE PONT, par Th. Reinach, in 8°, Paris 1890. 1 vol. C. 164.

795. ROME, par S. Michelet, in 12°, Paris 1891. 1 vol. D. 572.

796. ROME ET LES BARBARES, par A. Geffroy, in 12°, 1874, Paris, 1 vol. D. 39.

Romaine (littérature).

797. HISTOIRE DE LA LITTÉRATURE ROMAINE, par A. Pierron, in 16°, Paris 1890. 1 vol. D. 80.

Russie (Histoire de la).

798. HISTOIRE DE LA RUSSIE, par Alf. Rambaud, in 16°, Paris 1884. 1 vol. D. 65.

Sahara.

799. AU SAHARA, par H. le Roux, in 12°, Paris 1890. 1 vol. D. 559.

799a) SAHARA ET SAHEL, par Eug. Fromentin, in 4°, illustré, Paris 1879. 1 vol. B. 49.

Sainte (Histoire).

800. HISTOIRE SAINTE D'APRÈS LA BIBLE, par V. Duruy, in 12°, Paris 1891. 1 vol. D. 58.

Sciences.

801. CONFÉRENCES SCIENTIFIQUES ET ALLOCUTIONS, par Sir William Thomson, in 8°, Paris 1893. 1 vol. C. 519.

Sociales (études).

802. LA SOCIÉTÉ DE LONDRES, par le Comte Paul Vasili, in 8°, Paris 1885. 1 vol. C. 494.

803. La Société de Vienne, par le Comte Paul Vasili, in 8°, Paris 1885. 1 vol. C. 495.

Sociétés savantes.

804. Bibliographie des Sociétés savantes de la France, per Eûg. Lefèvre-Pontalis, in 4°, Paris 1887. 3 vol. B. 67.

Soudan Frauçais.

805. Au Soudan Français, par le capitaine Etienne Perez, in 8°, Paris 1889. 1 vol. C. 154.

Spiritisme.

806. Le Spiritisme dans le Monde, par L. Jacolliot, in 8°, Paris 1875. 1 vol. C. 171.

Statistique.

807. Compte-Rendu du Congrès International de Statistique de Florence 1867, in 4°, Florence 1868. 1 vol. B. 114.

Syrie.

808. Voyage en Syrie, par G. Charmes, in 12°, Paris 1891. 1 vol. D. 560.

Télégraphie.

809. La Télégraphie Historique, par Alexis Belloc, in 4°, Paris 1888. 1 vol. B. 75.

Temps Modernes (Histoire des).

810. Histoire des Temps Modernes, de 1453 à 1789, par V. Duruy, in 16°, Paris 1891. 1 vol. D. 62.

811. Précis d'Histoire des Temps Modernes, par G. Dhombres, in 12°, Paris 1890. 1 vol. D. 102.

Tunisie.

812. Exploration Scientifique de la Tunisie. Géographie Comparée de la Province Romaine d'Afrique, par Charles Tissot, in 4°, Paris 1884-1888. 3 vol. B. 62.

813. Législation de la Tunisie, par Maurice Bompard, in 4°, Paris 1888. 1 vol. B. 83.

814. La Politique Française en Tunisie, par P. H. H., in 8°, Paris s. d. 1 vol. C. 162.

815. Tunis et ses Environs, par Ch. Lallemand, illustré, in 4°, Paris s. d. 1 vol. B. 64.

Turque (Langue).

816. Eléments de la Langue Turque, par M. Viguier, in 8°, Constantinople 1790. 1 vol. C. 526.

817. Fables Turques, par J. A. Decourdemanche in 12°, Paris 1882. 1 vol. D. 369.

818. Droit de Propriété Immobilière Etrangère en Turquie, in 8°, Caire 1892. 1 vol. C. 453.

819. L'Ordre de Succession au Trône en Turquie, par G. Léoncavallo, in 16°, Alexandrie 1873. 1 vol. D. 533.

820. Histoire de l'Empire Ottoman, par A. de la Jonquière, in 16°, Paris 1881. 1 vol. D. 66.

821. Traité entre la Turquie et la Perse, in 8°, Caire 1886, 1 vol. C. 456.

Verrerie,

822. HISTOIRE DE LA VERRERIE ET DE L'EMAILLERIE, par Edouard Garnier, in 4°, Tours 1886. 1 vol. B. 70.

Voyages.

823. 2000 LIEUES A TRAVERS L'AMÉRIQUE DU SUD, par L. Boussenard, in 12°, Paris 1885. 1 vol. D. 514.

824. VOYAGES AUTOUR DU MONDE, INDE ET CEYLAN, CHINE ET JAPON 1887-1891, par Albert Tissandier, in 4°, Paris 1892. 1 vol. B. 60.

Zoologie.

825. ANATOMIE, PHYSIOLOGIE, ZOOLOGIE, par St. Meunier, in 16°, Paris 1890. 1 vol. D. 90.

826. COURS ÉLÉMENTAIRE DE ZOOLOGIE, par Milne-Edwards, in 12°, Paris 1886. 1 vol. D. 525.

827. HISTOIRE DE LA ZOOLOGIE, par F. Hoefer, in 16°, Paris 1886. 1 vol. D. 76.

SECTION IV.

Livres en langue Grecque.

Egypte.

828. Ἡ ἐν Αἰγύπτῳ Κρίσις τῷ 1882, ὑπὸ Ν. Σκοτίδου, in 8°, Athènes 1883. 1 vol. C. 479.

Choléra.

829. Ἡ ἐν Αἰγύπτῳ Χολέρα τῷ 1883, πραγματεία τοῦ ἰατροῦ Δ. Οἰκονομοπούλου, in 8°, Alexandrie 1888. 1 vol. C. 472.

Alexandrie ancienne.

830. Ἀλεξανδρινὸς διάκοσμος ἤτοι Πίνακες τῶν ἐν Ἀλεξανδρείᾳ ἀκμασάντων Ἑλλήνων κ.τ.λ., ὑπὸ Διόν. Ι. Οἰκονομοπούλου, in 8°, Alexandrie 1889. 1 vol. C. 148.

Almanachs.

831. Ἐθνικὸν Ἡμερολόγιον τοῦ ἔτους 1893, ὑπὸ Φ. Σκότου, Athènes, in 12°. 1 vol. D. 546.

Alexandrie (Histoire d').

832. Ἱστορία τῆς Ἀλεξανδρείας ὑπὸ Μ. Δημίτζα, in 8°, Athènes 1885. 1 vol. C. 105.

Grecque (Histoire).

833. Ἱστορία τοῦ Ἑλληνικοῦ Ἔθνους, ὑπὸ Κ. Παπαρριγοπούλου, in 8°, Athènes 1886. 6 vol. C. 510.

Dictionnaires.

834. Λεξικὸν Ἱστορίας καὶ Γεωγραφίας, κ.τ.λ., ὑπὸ Ε. Ι. Βουτύρα, in 8°, Constantinople 1869 - 1890. 11 vol. C. 52.

Grèce.

835. Λεριακὰ ἤτοι Χωρογραφία τῆς νήσου Λέρου, ὑπὸ Δ. Οἰκονομοπούλου, in 8°, Alexandrie 1888. 1 vol. C. 502.

Homère.

836. Ὁμήρου Ἰλιάδος ἑξάμετρος ἁπλοελληνικὴ μετάφρασις, ὑπὸ Β. Αποστολίδου, in 8°, ἐν Ἀλεξανδρεία 1888. 1 vol. C. 80.

Grecque (Littérature).

837. Ὁμήρου Ἰλιάδος μεταφρασθεῖσα εἰς τὴν καθομηλουμένην ὑπὸ Β. Ἀποστολίδου, in 8°, Alexandrie 1888. 1 vol. D. 508.

Astronomie.

838. Τὰ οὐράνια θαύματα ὑπὸ Κ. Φλαμαρίωνος, Ἑλληνικὴ μετάφρασις ὑπὸ Α. Κονσταντινίδου, in 12°, Athènes 1880. 1 vol. D. 549.

Grecs (Auteurs).

839. Πλάτονος Πρωταγόρας μετὰ σχολίων ὑπὸ Τ. Μιστριότου, in 8°, Athènes 1892. 1 vol. C. 504.

840. Σοφοκλέους Οἰδίπους τύραννος μετὰ σχολίων, in 8°, Athènes 1879. 1 vol. C. 503.

SECTION V.

Livres en langue italienne.

Administration.

841. LE FUNZIONI AMMINISTRATIVE NELLE AZIENDE PUBBLICHE, per G. Cova, in 8°, Milan 1889. 1 vol. C. 280.

842. MANUALE DELL'IMPIEGATO CIVILE DELLO STATO, per C. Simioni, in 8°, Rome 1872. 1 vol. C. 318.

Agriculture.

843. ANNALI DI AGRICOLTURA, dal 1878 al 1892, in 8°, Rome. 58 vol. C. 199.

844. COLTIVAZIONI SPERIMENTALI, in 8°, Roma 1889. 1 vol. C. 380.

845. COLTIVAZIONE SPERIMENTALE DEL FRUMENTO, in 8°, Rome 1889. 1 vol. C. 379.

846. I CONTRATTI AGRARII IN ITALIA, 1891, in 8°, Rome. 1 vol. C. 370.

847. INCHIESTA SULLE CONDIZIONI DEI LAVORATORI DELLA TERRA IN ITALIA, da Mario Panizza, in 4°, Rome 1890. 1 vol. B. 125.

848. NOTIZIE INTORNO AI BOSCHI E TERRENI SOGGETTI AL VINCOLO FORESTALE, in 8°, Rome 1886. 1 vol. C. 378.

849. NOTIZIE E STUDI SULLA AGRICOLTURA 1877, in 4°, Rome 1879. 1 vol. B. 120.

850. Opera Spiegata dall'Amministrazione dell'Agricoltura, in 8°, Rome 1892. 1 vol. C. 371.

851. Osservazioni Fenoscopiche sulle Piante, in 8°, Rome 1887. 1 vol. C. 377.

852. Relazione al Consiglio d'agricoltura, in 8°, Rome 1877. 1 vol. C. 374.

853. Sulla Coltivazione del Riso in Italia, in 8°, Rome 1889. 1 vol. C. 375.

854. Variazioni del Fitto dei Terreni, in 8°, Rome 1886. 1 vol. C. 373,

Alimentation.

855. L'Alimentazione del Soldato, memorie dei Dri Baroffio e Quagliotti, in 18°, Turin 1860. 2 vol. C. 213.

Anglaise (littérature).

856. Il Paradiso Perduto di Milton, tradotto da Lazzaro Papi, Lucca 1811, in 8°, 3 vol. C. 216.

Angleterre.

857. Rule Britannia, in 8°, Rome 1879. 1 vol. C. 354.

Anthropologie.

858. L'Origine dell'Uomo, di Carlo Darwin, traduzione italiana di M. Lessona, in 4°, Turin 1871. 1 vol. B. 132.

Archéologie.

859. Campione d'Antica Bilibra Romana in Piombo, per P. G. Secchi, in 4°, Rome 1835. 1 vol. B. 143.

860. La Cista Atletica del Museo Kircheriano, in 8°, Rome 1848. 1 vol. B. 144.

Architecture.

861. Secondo Congresso degli Architetti e Ingenieri Italiani in Firenze, in 4°, Florence 1876. 1 vol. B. 130.

Archives.

862. Le Materie Politiche degli Archivi Piemontesi, indicati da M. Bianchi, in 8°, 1876 Rome. 1 vol. C. 350.

Artillerie.

863. Elementi d'Artiglieria, di Claud. Cherubini, in 8°, Modena 1873. 2 vol. C. 212.

864. Impiego dell'Artiglieria di Guerra, studio di Ugo Allason, in 8°, Rome 1889. 1 vol. C. 238.

Art militaire.

865. Il Tiro a Segno Nazionale in Italia, per Carlo Tisogni, in 8°, Brescia 1887. 1 vol. C. 319.

Asiles.

866. Manuale per gli Asili Infantili, per P. Cavazzutti, in 8°, Milan 1888. 1 vol. D. 445.

Astronomie.

867. Copernico e le Vicende del Sistema Copernico in Italia, per Dom. Berti, in 8°, Rome 1876. 1 vol. C. 311.

Banques.

868. Le Banche di emissione e il credito in Italia, per A. J. de Johannis, in 8°, Rome 1888. 1 vol. C. 300.

Bibliographie.

869. Catalogue de la Bibliothèque du Ministère de l'Intérieur, in 8°, Rome 1872. 1 vol. C. 347.

870. Catalogue de l'Union Typographique Turinoise, 1888, 1 vol. C. 346.

871. I Codici della Biblioteca Ashburnam, (fondo Libri), in 4°, Rome 1884. 1 vol. C. 145.

Bibliothèques.

872. Cataloghi di Biblioteche e Indici Bibliografici, per G. Fumagalli, in 8°, Florence 1887. 1 vol. C. 19.

873. Della Compilazione dei Cataloghi per Biblioteche, de C. C. Jewett, versione italiana di G. Biagi, in 8°, Florence 1888. 1. vol. C. 18.

874. Regole per il Catalogo Alfabetico a Schede, compilato dal Dr C. Diatzko, recato in italiano da A. Bruschi, in 8°, Florence 1887. 1 vol. C. 17.

Biographie.

875. Agostini Bertani e i suoi Tempi, per Jessie White Mario, in 12°, Florence 1888. 2 vol. D. 375.

876. Cristoforo Colombo, suo monumento in Cogoletto, in 12°, 1887. 1 vol. D. 448.

877. Della Vita di San Benedetto, per D. Luigi Tosti, in 8°, Montecassino 1892. 1 vol. C. 351.

878. Gian-Battista Vico, per Robert Flint, in 12°, Florence 1888. 1 vol. D. 426.

879. Marcantonio Colonna, per A. Guglielmotti, in 12°, Florence 1862. 1 vol. D. 387.

880. Quintino Stella, per A. Guiccioli, in 8°, Rovigo 1888. 2 vol. C. 271.

881. Renata di Francia, Duchessa di Ferrabe, da B. Fontana, in 8°, Rome 1889. 1 vol. C. 208.

882. Un'Epoca della Mia Vita, pel Conte Giovanni Arrivabene, in 12°, Mantoue 1875. 1 vol. D. 429.

883. Vita di Antonio Alessandrini, scritta da Luigi Caroli, in 4° Bologne 1864. 1 vol. B. 148.

884. Vita di Manfredo Fanti, pubblicata da C. e A. Fanti in 8°, Verona 1872. 1 vol. C. 243.

885. Vita di Terenzio Mamiani della Rovere, scritta da D. Gaspari, in 4° Ancône 1888. 1 vol. B, 127.

Brésil.

886. Il Brasile e le sue Colonie Agricole, per G. B. Marchesini, in 12° Rome 1877. 1 vol. D. 428.

Brigandage.

887. Storia Politico-Militare del Brigantaggio, scritta da Angiolo de Witt, in 8°, Firenze 1884. 1 vol. C. 202.

Cadastre.

888. Relazione della Giunta Superiore del Catasto Marzo 1888, in 4°, Roma 1888. 1 vol. B. 119.

Chemins de Fer.

889. La Costruzione delle Strade Ferrate, opera di A. Milesi, in 8°, Venise 1854. 1 vol. C. 240.

890. SULLE STRADE FERRATE ITALIANE, cenni monografici, in folio. Rome 1878, 1 vol. A. 27.

Chirurgie.

891. COMPENDIO DI CHIRURGIA DAI DOTTORI BAROFFIO E SFORZA, in 8°, Rome 1884. 1 vol. C. 250.

892. DELLE FERITE D'ARMA DA FUOCO. Memoria del Dottore Baroffio Felice, in 8°, Turin 1862. 1 vol. C. 241.

893. SUI METODI DELLA LITOTOMIA, del Dott. L. Berrutti, in 8°, Turin 1867. 1 vol. C. 247.

894. LA TREPANAZIONE DEL CRANIO DELL'UOMO, dal Dott. F. Zannetti in 4°, Prato 1877. 1 vol. B. 128.

Colonisation.

895. L'AVVENIRE DEI POSSEDIMENTI ITALIANI IN AFRICA, in 8°, Turin 1889. 1 vol. D. 407.

896. POSSEDIMENTI E PROTETTORATI EUROPEI IN AFRICA 1890. in 8°, Rome 1 vol. C. 278.

Commerce.

897. ANNALI DELL'INDUSTRIA E DEL COMMERCIO 1881-1892, in 8°, Rome. 15 vol. C. 323.

898. PRODUZIONE E COMMERCIO DEL VINO IN ITALIA ED ALL'ESTERO, in 8°, Rome 1892. 1 vol. C. 372.

Comptabilité.

899. ATTI DEL PRIMO CONGRESSO NAZIONALE DEI RAGIONIERI ITALIANI TENUTO IN ROMA NEL 1879, in 4°, Rome 1880. 1 vol. B. 110.

900. COMPUTISTERIA E RAGIONERIA per Carlo Cerboni, in 8°, Rome 1881. 1 vol. C. 303.

901. La Contabilita' delle Amministrazioni pubbliche, per G. Audifreddi, in 4°, Rome 1889. 1 vol. B. 137.

902. La Contabilita' Generale del Regno d'Italia, in 4°, Rome 1886. 1. vol. B. 136.

903. Disegno sintetico di Ragioneria, per E. Ravenna, in 12°, Milan 1888. 1 vol. D. 420.

904. Divagazioni critiche di Ragioneria, per Achille Sanguinetti, in 4°, Parme 1886. 1 vol. B. 142.

905. Elementi di Computisteria, dal prof. Nicola della Rocca, in 8°, Avellino 1887. 1 vol. C. 299.

906. Elementi di Computisteria per Leopoldo Viali, in 8°, Gènes 1891. 1 C. 308.

907. Elenco Cronologico delle Opere di Computisteria e Ragioneria, in 8°, Rome 1886. 1. vol. C. 306.

908. Guida di Ragioneria dal Ragioniere Luigi Paladino, in 8°, Novare 1885. 1 vol. C. 298.

909. Insegnamento della Ragioneria e Computisteria, in 8°, Rome 1878. 1 vol. C. 390.

910. L'Interesse Legale e Contabile, per Michele Daniele, in 8°, Turin 1884. 1 vol. C. 307.

911. Legge pella Contabilita dello Stato, in 8°, Rome 1885. 1 vol. C. 297.

912. Lezioni di Ragioneria, per A. Tarchiani, in 12°, Rome 1885. 1 vol. D. 422.

913. La Logismografia applicata alla Contabilita Patrimoniale, in 8°, Rome 1883. 1 vol. C. 309.

914. La Logismografia Cerboniana, per F. A. Bonalumi, in 8°, San Remo 1877. 1 vol. C. 305.

915. La Logismografia Cerboniana, memoria di C. Gorini, in 8°, Mantoue 1879. 1 vol. C. 393.

916. La Logismografia e le sue Forme, studii di Cl. Bellini, in 8°, Reggio 1883. 1 vol. C. 301.

917. La Logismografia e le sue Forme, per Ach. Sanguinetti, in 4°, Reggio s. d. 1 vol. B. 135.

918. Manuale di Amministrazione e Ragioneria, di V. Bernadi e B. Varisco, Oneglia 1880. 1 vol. D. 589.

919. Modelli pel Servizio della Contabilita' Generale e del Tesoro, in 4°. Florence 1870. 1 vol. B. 112.

920. Nozioni di Computisteria, per Enrico Morelli, in 12°, Rome 1890. 1 vol. D. 421.

921. Opere di Computisteria e ragioneria publicate dal 1282 al 1888, in 4°, Rome 1889. 1 vol. B. 140.

922. Quadro di Contabilita per le Scritture Complesse, in 4°, Rome 1888. 1 vol. B. 141.

923. Quadro di Contabilita per le Scritture in Partita Doppia, in 8°, Rome 1878. 1 vol. C. 389.

924. Raccolta degli Esempii di Scrittura in Partita Doppia, in 8°, Rome 1887. 1 vol. C. 209.

Comptabilité publique.

925. Raccolta di Teoremi Legali Concernenti la Contabilita', in 8°, Rome 1853. 1 vol. C. 289.

926. Il Ragioniere, Appunti Storici, di Vincenzo Campi, 1 vol. C. 296.

927. La Ragioneria Generale pelle Funzioni Amministrative, per Ed. Rosina, in 8°, Turin 1888. 1 vol. C. 310.

928. Rassegna Critica della Mostra Speciale di Ragioneria di Milano 1887, in 4°, Parma 1890. 1 vol. B. 111.

929. Saggi di Critica Logismografica, del Prof. Giovanni Rossi, in 8°, Reggio 1880. 1 vol. C. 304.

930. Scrittura Razionale Comparata, per G. Pinto Mameli, in 8°, Casalamaggiore 1882. 1 vol. C. 302.

931. Le Scritture in Partita Doppia, per B. Forlico e L. Bavani, in 4°, Rome 1878. 1 vol. B. 139.

932. La Statmografia applicata alle Aziende Pubbliche, per E. Pisani, in 4°, Siracusa 1886. 1 vol. B. 138.

933. Trattato elementare di Contabilita' di Stato, da E. Ravenna, in 4°, Novare 1884. 1 vol. B. 129.

Conseil d'Etat.

934. Il Consiglio di Stato, studio di Vittorio Bono, in 8°, Stradella 1889. 1 vol. C. 234.

Consulaire (Bulletin).

934a) Bollettino consolare del Ministero degli Affari Esteri del Regno d'Italia, in 8°, Rome 1864-1892. 49 vol, C. 605.

Contributions.

935. Raccolte della Disposizione di Massima 1889, in 8°, Rome. 1 vol. C. 326.

Conventions commerciales.

936. Raccolta dei Trattati e delle Convenzioni Commerciali tra l'Italia e i Governi Esteri, dal 1751 al 1891, in 8°, Rome. 13 vol. C. 330.

Crédit Agricole.

937. Il Credito Agrario e le Banche di Emissione per Alb. Quarta in 12°, Rome 1884. 1 vol. D. 423.

Critique Littéraire.

938. Sul Carattere della Poesia Polono-Slava, per L. Lenartowicz, in 12°, Florence 1876. 1 vol. D. 414.

Déportation.

839. I Convitti Nazionali da P. Pavesio, in 8°, Avellino 1885. 1 vol. C. 222.

Dessin.

940. Il Disegno Elementare e Superiore, per P. Selvatico, in 12°, Padove 1872. 1 vol. 467.

Diplomatie.

941. Annuario Diplomatico del Regno d'Italia, in 8°, Rome 1890. 1 vol. C. 349.

942. Documenti Diplomatici presentati al Parlamento Italiano, in 4°, Rome. 7 vol. B. 93.

Douanes.

943. Atti della Commissione per la Revisione della Tariffa Doganale, relazione di V. Ellena. in 8°, Rome 1887. 1 vol. C. 337.

944. Bollettino di Legislazione e Statistica Doganale e Commerciale, 1884-1886, in 8°, Rome. 3 vol. C. 335.

945. COLLEZIONE DELLE LEGGI SULLE DOGANE, in 8°., Milan 1863. 2 vol. 334.

946. TARIFFA DOGANALE DEL REGNO D'ITALIA, 8°, 1 vol. C. 387.

Droit administratif.

947. DIRITTO AMMINISTRATIVO D'ITALIA dal Cavaliere G. di Giovannis Gianquinto, in 8°, Pavia 1864. 1 vol. C. 231.

948. DIZIONARIO DI DIRITTO AMMINISTRATIVO, pubblicato dall'avv. L. Vigna e V. Aliberti, in 8°, 1840. 6 vol. C. 340.

Droit civil.

949. LA CONCESSIONE DELLA CITTADINANZA, studio di G. Gorrini, in 8°, Voghera 1890. 1 vol. C. 276.

Droit commercial.

950. MANUALE DI DIRITTO COMMERCIALE MARITTIMO, lavoro di Antonio Fabi, in 8°, Rome 1858. 1 vol. C. 220.

Droit international.

951. ATTI INTERNAZIONALI AL 1° LUGLIO 1890, in 8°, Rome 1890. 1 vol. C. 279.

952. LA ESECUZIONE DELLE SENTENZE E DEGLI ATTI ESTERI per V. de Rossi, in 8°, Livourne 1890. 1 vol. C. 273.

Droit maritime.

953. DIRITTO DIPLOMATICO MARITTIMO per l'avvocato P. Esperson, in 8°, Turin 1872. 1 vol. C. 270.

Droit politique.

954. Legge Elettorale Politica, in 8°, Rome 1882. 1 vol. C. 277.

Droit public.

955. Il Progresso del Diritto pubblico e delle genti per Ang. Pierantoni, in 8°, Modena 1866. 1 vol. C. 275.

Economie politique.

956. Annali del Credito e della Previdenza 1883, 1892, in 8°, Rome. 6 vol. C. 320.

957. Le Scienze Politiche e le Questioni Sociali per S. Capi, in 8°, Urbino 1892. 1 vol. C. 294.

Economie sociale.

958. L'Avvenuto e l'Avvenire dei Pezzenti per C. Perocco, in 12°, Naples 1879. 1 vol. D. 398.

Education.

959. La Correzione Coatta dei minorenni per Carlo Bocchi, in 12°, Parme 1881. 1 vol. D. 456.

Egypte.

960. Diario Storico-Militare delle rivolte al Sudan per G. B. Messedaglia, in 4°, Alexandrie 1886. 1 vol. B. 3.

961. L'Egitto al tempo dei Greci e dei Romani, di G. Lumbroso, in 8°, Rome 1882. 1 vol. C. 58.

962. La Finanza, giornale politico finanziario amministrativo, in folio, Alexandrie, 25 vol. A. 38.

963. Leggi sui Consigli d'Agricoltura, in 16°, Alexandrie 1875. 1 vol. D. 498.

964. Legge sulla Mukkabala, in 16°, Alexandrie 1875. 1 vol. D. 499.

965. Ricerche Alessandrine, di G. Lumbroso, in 4°, Rome 1879. 1 vol. B. 12.

966. La Rivista Quindicinale Egiziana 1892-1893, in 4°, Alexandrie, 3 vol. B. 8.

967. Statuto Personale e Successioni secondo il Rito Anafita, in 16°, Alexandrie 1875. 1 vol. D. 506.

968. Tariffa per gli Atti Giudiziari in materia Penale, in 16°, Alexandrie 1875. 1 vol. D. 503.

969. Tariffa Giudiziaria per i Tribunali Egiziani, in 16°, Alexandrie 1875. 1 vol. D. 501.

970. Viaggio nell'Egitto e nell'Alta Nubia del chimico G. Forni, in 8°, Milano 1859. 2 vol. C. 600.

Emigration.

971. Gli Italiani al Brazile, par N. Marcone, in 8°, Rome 1877. 1 vol. C. 223.

972. Sulla Emigrazione Italiana in America, studio di G. Florenzano, in 8°, Naples 1874. 1 vol. C. 221.

973. Sulla Emigrazione Italiana all'Estero, in 8°, Rome 1890. 1 vol. C. 376.

Enseignement.

974. Letture graduate per le Alunne, del Cav. G. Borgogna, in 12°, Rome 1889. 1 vol. D. 455.

975. Lezioni di cose del Dott. Saffray recate in Italiano, in 12°, Milan 1888. 1 vol. D. 454.

Enseignement technique.

976. L'Istruzione Tecnica in Italia, studi di Emilio Morpurgo, in 4°, Rome 1875. 1 vol. B. 116.

Espagnole (littérature).

977. I Goti, poema epico di E. de Olloqui, versione italiana di Luigi Zaya, in 8°, Alexandrie 1891. 1 vol, C. 506.

Etats-Unis.

978. Gli Stati Uniti e la concorrenza Americana, studi di E. Rossi, in 8°, Florence 1884. 1 vol. C. 21.

Ethiopie.

979. Missione nell'Alta Etiopia, di fra G. Massaia, in 4°, Rome 1885. 7 vol. B. 149.

Expositions.

980. Esposizione Italiana 1861, relazione dei giurati, 1 vol. C. 391.

981. Relazione Generale dell'Esposizione Italiana in Torino 1884, compilata da Ed. Danco, in 4°, Torino 1886. 1 vol. B. 117.

982. Sulle principali macchine presentate alla Esposizione di Vienna, relazione dell'ingegnere Al. Barbensi, in 8°, Rome 1873, 2 vol. C. 217.

Finances.

983. Raccolta di leggi e regolamenti finanziari, in 8°, Rome 1870. 1 vol. C. 230.

Fortifications.

984. Storia delle Fortificazioni nella Spiaggia Romana, par A. Guglielmotti, in 12°, Rome 1880. 1 vol. D. 386.

Française (révolution).

985. Commentarii della Revoluzione Francese, scritti da Lazzaro Papi, in 8°, Bastia 1836. 5 vol. C. 342.

Galvani.

986. Opere Edite ed Inedite del professore Luigi Galvani, in 4°, Bologne 1841. 1 vol. B. 88.

Géographie ancienne.

987. Atlas Antiquus, Atlante Tascabile del Mondo Antico, del Dr. A. von Kampen, in 12°, Gotha 1892. 1 vol. D. 135.

Géographie.

988. Bollettino della Societa Geografica Italiana, da 1869 al 1892, in 8°, Roma. 24 vol. C. 181.

989. Catalogo Generale della Mostra al Terzo Congresso Geografico Internazionale in Venezia 1881, in 8°, Venezia 1881, 1 vol. C. 185.

990. Catalogo Generale della Prima Mostra di Geografia Italiana, Settembre 1892, in 8°, Gênes 1892. 1 vol. C. 183.

991. Corso di Geografia Fisica, di L. Hugues, in 8°, Torino 1882. 1 vol. D. 18.

992. NOZIONI DI GEOGRAFIA MATEMATICA, esposte da Luigi Hugues, in 8°, Turin 1882. 1 vol. D. 109.

993. PUBBLICAZIONI GEOGRAFICHE STAMPATE IN ITALIA FRA IL 1800 E IL 1890, SAGGIO DI CATALOGO, da T. Cardon, in 8°, Rome 1892. 1 vol. C. 184.

994. STUDII BIOGRAFICI E BIBLIOGRAFICI SULLA STORIA DELLA GEOGRAFIA IN ITALIA, in 8°, Rome 1882. 1 vol. C. 182.

995. TERZO CONGRESSO GEOGRAFICO INTERNAZIONALE TENUTO A VENEZIA IN SETTEMBRE 1881, in 8°, Roma 1882. 1 vol. C. 186.

Géologie.

996. MEMORIE PER SERVIRE ALLA DESCRIZIONE DELLA CARTA GEOLOGICA D'ITALIA, in 4°, Florence 1871, 2 vol. B. 113.

Géométrie.

997. CELERIMENSURA, in 12°, 1 vol. D. 465.

998. TRATTATO ELEMENTARE DI GEOMETRIA, per B. Andolfi in 12°, Rome 1862. 1 vol. D. 468.

Grecque (histoire).

999. STORIA DI GRECIA, di G. Smith, in 12°, Florence 1873. 1 vol. D. 475.

Langue grecque.

1000. LA LINGUA GRECA ANTICA, per D. Pezzi, in 8°, Turin 1888. 1 vol. C. 37.

Grecque (littérature).

1001. DIALOGHI DI PLATONE TRADOTTI DI RUGGIERO BONGHI, in 18°, Rome 1880. 5 vol. D. 545.

1002. ISAGOGE DI PORFIRIO, TRADOTTA IN ITALIANO DA E. PASSAMONTI, in 8°, Pisa 1889. 1 vol. C. 226.

Guerre maritime.

1003. LA CORAZZA DI SICUREZZA. PEL CAV. ANT. FRIEGIERI, in 12°, Acireale 1880. 1 vol. D. 436.

1004. ORDINI DI MARCIA E DI COMBATTIMENTO DELLE FLOTTE, par C. Grillo, in 8°, Rome 1881. 1 vol. C. 266.

1005. I PRIMI ELEMENTI DELLA GUERRA MARITTIMA da D. Bonamico, in 8°, Turin 1880. 1 vol. C. 267.

Guides.

1006. INTERPRETE E GUIDA DELL'ITALIANO IN AFRICA per C. G. El Hag, in 12°, Rome 1891. 1 vol. D. 430.

Hydraulique.

1007. ELEMENTI DI IDRAULICA, di G. Venturoli in 12°, Milan 1818. 2 vol. D. 378.

1008. MANUALE PRATICO DI IDRODINAMICA, per F. Colombani, in 8°, Milan 1845. 1 vol. C. 256.

1009. RACCOLTA D'AUTORI ITALIANI CHE TRATTANO DEL MOTO DELLE ACQUE, in 8°, Bologna 1821-1826. 10 vol. C. 211.

1010. TRATTATO DI IDROMETRIA, del Dott. D. Turrazza, in 8°, Padove 1845. 1 vol. C. 257.

Hydrographie.

1011. ACQUE TERMALI E MINERALI DI GHIANCIANO, per G. Barzellotti, in 8°, Sienna 1813. 1 vol. C. 355.

1012. DELLA LAGUNA DI VENEZIA ecc. MEMORIE DI CAMILLO VACANI, in 8°, Florence 1867. 1 vol. C. 264.

1013. GUIDA ALLO STUDIO DELL'IDROLOGIA FLUVIALE, per l'ingegnere Elio Lombardini, in 8°, Milan 1870. 1 vol. C. 253.

1014. SULLE ACQUE DI ROMA LIBRI DUE, dell'avvocato R. Marchetti, in 8°, Rome 1886. 1 vol. C. 224.

1015. SULLE BONIFICAZIONI IDRAULICHE ITALIANE, in folio, Rome 1878. 1 vol. A. 30.

1016. SULL'IDROGRAFIA E SULL'IDRAULICA FLUVIALE IN ITALIA, in folio Rome 1878. 1 vol. A. 28.

1017. SULLE OPERE DI BONIFICAZIONE DELLA PLAGA DELL'AGRO ROMANO, relazione di G. Amenduni in 4°, Rome 1884. 1 vol. B. 131.

1018. SULLE OPERE IDBAULICHE DEI PAESI BASSI, in 4°, Rome 1877. 1 vol. B. 146.

Hydrologie.

1019. IDROLOGIA MINERALE, per Dom. Bertini, in 8°, Turin 1843. 1 vol. D. 409.

Hydrostatique.

1020. IDROSTATICA, esaminata dal P. Antonio Lecchi, in 8°, Milan 1745. 1 vol. C. 258.

Hygiène.

1021. MANUALE D'IGIENE POPOLARE, pel prof. Cesare Contini, in 8°, Rome s. d. 1 vol. D, 442.

1022. Lezioni sulla Igiena Purblica e Privata, dal D. L. Berrutti, in 12°, Turin 1876. 2 vol. D. 376.

Hygiène infantile.

1023. La Vita nei Fanciulli, per G. Valerio, in 12°, Rome 1879. 1 vol. D. 419.

Hygiène publique.

1024. Dizionario di Igiene Publica e di Polizia Sanitaria, del Dottore F. Freschi, in 8°, Turin 1857. 4 vol. C. 244.

Hygiène rurale.

1025. L'Igiene del Contadino, per Giov. Sotis, in 12°, Naples 1877. 1 vol. D. 418.

Impôts.

1026. Atti della Amministrazione delle Gabelle nel Regno d'Italia 1867-1891, in 8°, Rome. 20 vol. C. 383.

1027. Atti dell'Amministrazione delle Imposte Dirette nel Regno d'Italia da 1869 al 1891, in 8°, Rome. 24 vol. C. 382.

1028. Bolletino Ufficiale della Direzione Generaee del Domanio e delle Tasse da 1875 al 1891, in 8°, Rome. 23 vol. C. 381.

1029. Imposta di Richezza Mobile Prospetti Statistici 1882-1890, in 8°, Rome, 4 vol. C. 384.

Impôts directs.

1030. Relazione della Direzione Generale delle Imposte Dirette 1872-4091. in 4°, Roma. 1 vol. B. 121.

Incendies.

1031. Universalita dei Mezzi di Previdenza, Difesa e degli Incendii, da Francesco del Giudice, in 4°, Bologna 1848. 1 vol. B. 108.

Industrie.

1032. Annali dell'Industria e del Commercio 1881-1892, in 8°, Rome. 15 vol. C. 323.

1033. Relazione sui Servizii dell'Industria, del Commercio e del Credito, in 8°, Rome 1887. 1 vol. C. 324.

1034. Statistica delle Caldaie a Vapore esistenti nel Regno, in 8°, Rome 1890. 1 vol. C. 336.

Instruction publique.

1035. Legislazione Scolastica Comparata, in 12°, Florence 1875-1877. 3 vol. D. 377.

Italie.

1036. Superficie del Regno d'Italia 1884, in 4°, Florence 1885. 1 vol. B. 190.

Italie (Armée).

1037. Le Forze Militari d'Italia Tradotto dal Tedesco, di V. Brandi, in 8°, Florence 1884. 1 vol. C. 363.

Italie (Art).

1038. L'Arte in Lucca, Studiata nella sua Catedrale, per E. Ridolfi, in 8°, Lucca 1882. 1 vol. C. 312.

Italienne (éloquence).

1039. Discorsi Parlamentari, del conte Camillo di Cavour, in 8°, Roma 1863. 11 vol. C. 196.

1040. Discorsi Parlamentari, di Marco Minghetti, in 8°, Roma 1888-1890. 6 vol. C. 194.

1041. Discorsi Parlamentari, di Urbano Rattazzi in 8°, Roma 1880. 8 vol. C. 195.

Italie (histoire d').

1042. Atti della Societa Ligura di Storia Patria vol. XVII-XXIV, in 4°, Genova 1885-1892. 7 vol. B. 118.

1043. Bartholomaei Beverini Annalium ab Origine Lucensis Orbis, in 8°, Lucques 1829-1832. 4 vol. C. 331.

1044. Caratteri della Civilta Novella in Italia per P. Valussi, in 12°, Udine 1868. 1 vol. D. 433.

1045. Catalogo degli Oggetti del Risorgimento Italiano all'Esposizione Italiana di Torino 1884, in 4°, Milan 1886. 1 vol. B. 123.

1046. Cenni Storici sui Preliminarii della Guerra del 1866, per L. Chiala in 8°, Florence 1880. 1 vol. C. 344.

1047. Codex Astensis, memoria di Quintino Sella, in 4°, Rome 1887. 1 vol. B. 124.

1048. Della Guerra Italica, commentarii di C. Buonamici, in 8°, Lucques 1841. 2 vol. C. 343.

1049. Delle Relazioni Antiche e Moderne fra l'Italia e l'India, memorie di P. A. di San Filippo, in 8°, Rome 1886. 1 vol. C. 352.

1050. Diario dei Martiri Italiani dal 1176 al 1870 da G. Fantoni, in 8°, Padova 1885. 1 vol. C. 365.

1051. Documenti di Storia Italiana, in 4°, Florence 1867-1889. 9 vol. B. 97.

1052. Dogali e l'Italia da A. di Cesare, Napoli 1887, in 4°, 1 vol. B. 126.

1053. I Fatti di Nuova Orleans, di Aug. Pierantoni, in 8°, Rome 1891. 1 vol. C. 362.

1054. I Francesi all'Elba, per V. M. Ponce di Leon, in 8°, Livourne 1890. 1 vol. C. 313.

1055. L'Italia e la Casa Savoia, di L. Tonelli, in 8°, Turin 1885. 1 vol. C. 368.

1056. Memorie e Documenti per servire alla Storia del Principato Lucchese, in 4°, Lucca 1813-1881. 16 vol. B. 95.

1057. Il Mercato Vecchio di Firenze, per Guido Carocci, in 12°, Florence 1884. 1 vol. D. 413.

1058. Note e Documenti di Storia Calabrese, per M. Mandolari, in 8°, Caserta 1886. 1 vol. C. 364.

1059. Periodico della Societa Storica di Como, in 4°, Como 1878-1889. 4 vol. B. 115.

1060. Proclami, Decreti, ecc., del Granduca di Toscana, in folio, Florence 1849. 1 vol. A. 36.

1061. Il Risorgimento d'Italia 1848-1878, in 12°, Florence 1888. 1 vol. D. 446.

1062. Storia Popolare Illustrata degli Ordini Equestri Italiani, da V. Bossi, in 8°, Rome 1893. 1 vol. C. 366.

1063. STORIA DEL RISORGIMENTO ITALIANO, per Siro Corti, in 8°, Milan 1885. 1 vol. D. 439.

1064. VITTORIO AMEDEO II ED EUGENIO DI SAVOIA, per Ettore Padri, in 12°, Milan 1888. 1 vol. D. 463.

Italienne (langue).

1065. LEZIONI DI LETTERE ITALIANE, per Ant. Sanchelli, in 12°, Naples 1874. 1 vol. D. 470.

1066. OSSERVAZIONI INTORNO AI VOCABULARII DELLA LINGUA ITALIANA, di G. Carena, in 8°, Turin 1831. 1 vol. C. 242.

1067. STUDI SOPRA I SUONI DELL'ALFABETO ITALIANO, per Aug. Mauro, in 12°, Rome 1878. 1 vol. D. 411.

1068. VOCABOLARIO NAPOLITANO TOSCANO, del Professore R. d'Ambra, in 8°, Naples 1873. 1 vol. C. 348.

Italienne (littérature).

1069. LE AVVENTURE DI PINOCCHIO, per G. Collodi, in 12°, Florence 1888. 1 vol. D. 466.

1070. CARMINA QUINTINI GUANCIALI, in 8°, Naples 1875. 1 vol. C. 274.

1071. COSE VECCHIE SEMPRE NUOVE, per Gaetano Pacchi, in 12°, Rome 1874. 1 vol. D. 464.

1072. LA CRITICA E L'ARTE MODERNA, per N. Marsilli, in 12°, Naples 1866. 1 vol. D. 451.

1073. DISCORSI DI PAOLO BOSELLI, in 8°, Rome 1890. 1 vol. C. 228.

1074. Discorsi di L. Fornaciari, in 12°, Lucca 1847. 1 vol. D. 432.

1075. La Divina Commedia di Dante Alighieri, in folio Milan 1881 (illustrazioni di G. Doré) 1 vol. A. 1.

1076. Esposizione di Salmi di Rinieri dei Rinaldeschi, in 8°, Lucca 1853. 1 vol. C. 205.

1077. Il Favoleggiatore Italiano scelto, di C. Gargiolli, in 12°, Florence 1882. 1 vol. D. 444.

1078. Feste, in 16°, Rome 1883. 1 vol. D. 462.

1079. Fra Barlaamo Calabrese, di G. Mandalari, in 8°, Rome 1888. 1 vol. C. 233.

1080. Frugolino, un Passo Avanti, pel prof. Carlo Tegon, in 12°, Milan 1891. 1 vol. D. 453.

1081. Il Ghetto di Romà, per Ettore Natali, in 8°, Rome, s. d. 1 vol. D. 406.

1082. La Gerusalemme Liberata, di Torquato Tasso, in 16°, Milan 1869. 1 vol. D. 7.

1083. Il Lago di Marsi, per N. Marcone, in 12°, Turin 1886. 1 vol. D. 405.

1084. Laudi Spirituali del Bianco de Siena, in 8°, Lucca 1851. 1 vol. C. 207.

1085. Lettere di F. D. Guerrazzi, a cura di Giosuè Carducci, in 12°, Livourne 1880. 2 vol. D. 374.

1086. Lettere di Luigi Pulci, in 8°, Lucca 1886. 1 vol. C. 227.

1087. Lettere Inedite di Monsignore Giovanni Guidiccioni, in 8°, Lucca 1855. 1 vol. C. 204.

1088. NOVELLE DI TH. VALLAURI, in 12°, Sienne 1891. 1 vol. D. 400.

1089. OPERE EDITE ED INEDITE DEL MARCHESE CESARE LUCCHESINI, in 16°, Lucca 1832. 11 vol. D. 372.

1090. OPERE DEL MARCHESE ANTONIO MAZZAROSA, in 32°, Lucca 1841. 3 vol. D. 373.

1091. ORLANDO FURIOSO, di Lud. Ariosto, in 8°, Milan 1873. 1 vol. D. 3.

1092. ORLANDO FURIOSO, di Ludovico Ariosto, in 12°, Milan 1874. 1 vol. D. 471.

1093. PER AMORE E PER FORZA, per C. B. Cipani, in 12°, Turin 1890. 1 vol. D. 425.

1094. POLITICA ED ARTE, di Gustavo Modena, in 12°, Rome 1888. 1 vol. D. 450.

1095. POESIE ESTEMPORANEE, di Amarilla Etrusca, in 8°, Lucques 1835. 3 vol. C. 332.

1096. RE E POPOLO, DISCORSI, LETTERE E SCRITTI di G. Popoli, in 12°, Bologna 1880. 1 vol. D. 457.

1097. IL REAL CASTELLO DI VALENTINO, par G. Vico, in 12°, Turin 1858. 1 vol. D. 452.

1098. RIME E PROSE DEL BUON SECOLO DELLA LINGUA, in 8°, Lucca 1852. 1 vol. C. 203.

1099. IL ROMITO DI VALLOMBROSA, per C. Rusconi, in 12°, Rome 1887. 1 vol. D. 424.

1100. SCRITTI E DISCORSI, di Aug. Bertani, in 12°, Florence 1890. 1 vol. D. 458.

1101. SCRITTI POLITICI, di Rocco di Zerbi, in 12°, Naples 1876. 1 vol. D. 449.

1102. SCRITTI VARII, di N. Marcone, in 12°, Frosina, 1891. 1 vol. D. 397.

1103. SCRITTI VARII, di Pietro Delvecchio, in 8°, Rome 1892. 1 vol. C. 225.

1104. SONNETTI E CANZONE, di M. F. Petrarca, in 16°. 1 vol. D. 5.

1105. STUDII CRITICI, di Luigi F. Guerra, in 8°, Bari 1886. 1 vol. C. 232.

1106. SUL SENTIERO DELLA GLORIA, pel Col. Pietro Valle, in 12°, Castello 1891. 1 vol. D. 417.

1107. TRADUZIONI E RIME, di Lazzaro Papi, in 8°, Lucca 1832. 1 vol. C. 314.

1108. VERSI DI ETTORE MARUCCI, in 12°, Naples 1882. 1 vol. D. 460.

1109. VOLGARIZZAMENTO DELLE COLLAZIONI DEI S.S. PADRI, del Venerabile G. Cassiano, in 8°, Lucca 1854. 1 vol. C. 206.

Italienne (musique).

1110. LA SCUOLA MUSICALE DI NAPOLI, per F. Florino, in 8°, Naples 1880. 3 vol. C. 315.

Italienne (peinture).

1111. PAOLO VERONESE, SUA VITA E SUE OPERE, per P. Caliari, in 8°, Rome 1881. 1 vol. C. 316.

Justice (Ministère de la)

1112. RACCOLTA DELLE CIRCOLARI EMANATI DAL MINISTERO DI GRAZIA E GIUSTIZIA 1861-1880, in 8°, Rome. 5 vol. C. 322.

Latine (littérature).

1113. COMPENDIO STORICO DELLA LETTERATURA LATINA, per Aug. Romizi, in 12°, Rome 1884. 1 vol. D. 447.

1114. DIECI ORAZIONI DI M. T. CICERONE, RECATE IN ITALIANO, da S. Cacopardo, in 8°, Palerme 1882. 1 vol. C. 218.

Métrique latine.

1115. DEL RITMO NEL VERSO LATINO, per B. Fontana, in 8°, Rome 1890. 1 vol. C. 392.

Législation.

1116. DIZIONARIO LEGALE TEORICO-PRATICO, compilato dall'avvocato G. M. Regis, in 8°, Turin 1816. 9 vol. C. 339.

Législation civile.

1117. CODICE DI PROCEDURA CIVILE DEL REGNO D'ITALIA, in 8°, Rome 1886. 1 vol. C. 287.

1118. I DIRITTI DEI FIGLI NATURALI, per A. Todaro della Galia, in 8°, Turin 1889. 1 vol. C. 237.

1119. IL DIVORZIO E LA ISTITUZIONE SUA IN ITALIA, in 8°, Rome 1886, per A. Marescalchi. 1 vol. C. 286.

1120. LAVORI PREPARATORI DEL CODICE CIVILE DEL REGNO D'ITALIA, in 4°, Rome 1892. 1 vol. B. 98.

Législation commerciale.

1121. ATTI DELLA COMMISSIONE PER LE MODIFICAZIONI DA INTRODURSI NEL CODICE DI COMMERCIO DEL REGNO D'ITALIA, in 4°, Rome 1884-1885. 4 vol. B. 100.

1122. Codice di Commercio del Regno d'Italia, in 8°, Rome 1882. 1 vol. C. 288.

1123. Lavori Preparatori del Codice di Commercio del Regno d'Italia, in 4°, Rome 1883. 4 vol. B. 99.

Législation douanière.

1124. Bolletino di Legislazione e di Statistica Doganale e Commerciale 1885-1891, in 8°, Rome, 17 vol. C. 325.

Législation maritime.

1125. Codice di Marina Mercantile Italiana, in 8°, Rome s. d. 1 vol. C. 235.

Législation pénale.

1126. Gli Ammoniti, studio dell'avvocato Aug. Santini, in 8°, Rome 1183. 1 vol. C. 283.

1127. Codice Penale d'Italia, in 8°, Rome s.d. 1 vol. C. 236.

1128. Il Codice Penale Italiano, annotato dall'avvocato L. Ghirelli, in 8°, Naples 1889. 1 vol. C. 284.

1129. Codice di Procedura Penale pel Regno d'Italia, in 8°, Rome 1886. 1 vol. C. 285.

1130 Dell'imputabilita secondo il Diritto Penale Italiano, per Aug. Setti, in 8°, Turin 1892. 1 vol. C. 272.

1131. Il nuovo Codice Penale Italiano, illustrato a cura dell'avvocato Isidore Mel, in 4°, Rome 1890. 1 vol. B. 101.

1132. La Pena di Morte e gli Errori Giudiziari, per G. Rebaudi, in 12°, Rome 1888. 1 vol. D. 412.

1133. Progetto del Codice Penale per il Regno d'Italia, in 4°, Rome 1888. 1 vol. B. 103.

1134. Progetti Comparati del Codice Penale Italiano, per l'avvocato M. Speciale, in 4°, Rome 1878. 2 vol. B. 107.

1135. Relazione per l'Approvazione del Codice Penale Italiano, in 4°, Rome 1889. 1 vol. B. 106.

1136. La Riforma Penale e la Sicurezza Pubblica, per A. de Gaetani, in 8°, Rome 1872. 1 vol. D. 408.

1137. Verbali della Commissione del Codice Penale del Regno d'Italia, in 4°, Rome 1889, 1 vol. B. 102.

Loterie.

1138. Amministrazione del Lotto Pubblico, in 8°, Rome 1892. 1 vol. C. 385.

Lucques.

1139. Guida di Lucca, in 12°, Lucca 1877, 1 vol. D. 435.

Marine.

1140. La Guerra dei Pirati e la Marina Pontificale, di P. A. Guglielmotti, in 12°, Florence 1876. 2 vol. D. 381.

1141. Inchiesta Parlamentare sulla Marina Mercantile 1881-1882, in 4°, Rome 1882. 7 vol. B. 104.

1142. RIVISTA MARITTIMA 1892-1893, in 8°, Rome. 6 vol. C. 210.

1143. LA SQUADRA AUSILIARIA DELLA MARINA ROMANA, per A. Guglielmotti, in 12°, Rome 1883. 1 vol. D. 385.

1144. LA SQUADRA PERMANENTE DELLA MARINA ROMANA, per A. Guglielmotti, in 12°, Rome 1882. 1 vol. D. 383.

1145. STORIA DELLA MARINA PONTIFICIA NEL MEDIO EVO, per A. Guglielmotti, in 12°, Florence 1871 2 vol. D. 384.

1146. STORIA GENERALE DELLA MARINA MILITARE, per A. V. Vecchi, in 8°, Florence 1892. 2 vol. C. 269.

1147. STORIA DELLA MARINA MILITARE ITALIANA, par G. Randaccio, in 12, Rome 1886. 2 vol. D. 382.

1148. STORIA NAVALE Universale, par C. Randaccio, in 8°, Rome 1891. 2 vol. C. 268.

1149. GLI ULTIMI FATTI DELLA SQUADRA ROMANA, per A. Guglielmotti in 12°, Rome 1884. 1 vol. D. 388.

Mathématiques.

1150. RIVISTA DI MATEMATICA, diretta di G. Peano, in 8°, Turin 1891, 1 vol. C. 321.

1151. TAVOLE LOGARITME. di S. Gardiner. in 8°, Florence 1810. in 8°, D. 391.

Mécanique.

1152. ELEMENTI DI MECCANICA, di G. Venturoli, in 12°, Milan 1818. 2 vol. D. 378.

1153. Istituzioni Fisico-Meccaniche, per Aless. Papacino, in 12°, Turin 1789. 1 vol. D. 474.

1154. Le Macchine a Vapore, di F. Sinigaglia, in 8°, Rome 1889. 1 vol. C. 201.

1155. Note ed Aggiunti agli Elementi di Meccanica, di G. Venturoli, per G. B. Masetti, in 12°, Bologne 1827. 1 vol. D. 389.

1156. Schiarimenti alla Meccanica di G. Venturoli, par G. Odi, in 12, Rome 1827. 2 vol. D. 379.

Médecine.

1157. Enciclopedia Medica Italiana, in 4°, Milan. 9 vol. B. 122.

1158. Guida del Medico Militare in Campagna, per F. Cortese, in 8°, Turin 1863. I vol. D. 380.

1159. La Meningite Cerebro-Spinale in Italia, per E. Manayra, in 8°, Rome 1883. 1 vol. D. 440.

1160. Notizie Istoriche sul Contagio Venereo, per N. Barbantini, in 8., Lucca 1820. 1 vol. D. 443.

1161. Patologia del Cuore e dell'Aorta, dal professore G. Baccelli, in 8°, Rome 1863, 2 vol. C. 249.

1162. Prolegomeni alla Patologia del Cuore e dell'Aorta, studii di G. Baccelli, in 8°, Rome 1859. 1 vol. C. 248.

1163. Prolegomeni allo Studio della Medicina Politico-Legale, dal prof. Carlo Maggiorano, in 8°, Rome 1854. 1 vol. C. 246.

1164. Rendiconto Clinico-Statistico, pel Dr L. Berrutti, in 12°, Turin 1859. 1 vol. D. 437.

Minéralogie.

1165. Considerazioni, dal D^re G. Fantonetti, in 8°, Turin 1821. 1 vol. D. 393.

1166. Elementi di Mineralogia, del Signore Brochant, in 8°, Milan 1823. 1 vol. D. 395.

1167. Memoria Mineralogica sopra l'Arenaria di Bellunese, per T. A. Catullo, in 8°, 1816. 1 vol. D. 392.

Mines.

1168. Dello Stabilimento delle Miniere, per Corniani degli Algarotti, in 8°, Venise 1823. 1 vol. D. 390.

Ministères.

1169. L'Ordinamento dei Ministeri, per L. Cattaneo, in 8°, Rome 1886. 1 vol. C. 386.

Morale.

1170. I Diritti e i Doveri delle Donne, per E. Dionese, in 12°, Naples 1877. 1 vol. D. 396.

1171. Doveri e Diritti dell'Uomo, per S. Bagatto, in 12°, Turin 1884. 1 vol. D. 415.

1172. State Pietosi verso le Bestie, in 12°, Milan 1881. 1 vol. D. 427.

Musées.

1173. Le Gallerie e i Musei di Firenze, per Aurelio Gotti, in 12°, Florence 1875, 1 vol. D. 410.

Navigation fluviale.

1174. Sulla Navigazione Interna in Italia, in folio, Roma 1878. In folio A. 29.

Obstétrique.

1175. Ostetrica prr le Levatrici, dal professore Carlo Grillenzoni, in 8°, Ferrara 1887. 1 vol. C. 245.

Orient (Question d').

1176. I Diversi Stati d'Europa nelle Questioni Orientali, per G. Alvisi, in 12°, Florence 1890. 1 vol. D. 431.

Paratonnerres.

1177. Dei Paragrandini Metallici, per F. Orioli, in 8°, Bologne 1825. 1 vol. D. 394.

Parlement.

1178. Norme ed Usi del Parlamento Italiano, in 8°, Rome 1887. 1 vol. C. 229.

Phares.

1179. Elenco dei Fari e Fanali del Littorale d'Italia, in 8°, Rome 1880. 1 vol. C. 356.

1180. Quadro dei Fari e Fanali d'Italia, in 8°, Florence 1868. 1 vol. C. 359.

1181. Quadro dei Fari e Fanali d'Italia, in 8°, Florence 1870. 1 vol. C. 361.

1182. Regolamenti e Istruzioni sul Servizio dei Fari e Fanali, in 8°, Florence 1870, 1 vol. C. 360.

1183. Sulla Applicazione dell'Olio Minerale ai Fari di Francia, relazione di L. Gullo, in 8°, Rome 1877. 1 vol. C. 358.

1184. Sulla Intensita e Portata dei Fari, per M. E. Allard, in 4°, Florence 1889. 1 vol. B. 147.

1185. SULLA VERIFICAZIONE DEGLI APPARECCHI PER FARI, studio di G. Comaglia, in 8°, Turin 1874, 1 vol. C. 357.

Philosophie.

1186. ELEMENTI DI FILOSOFIA AD USO DEI LICEI, par Ant. Corti, in 12°, Turin 1870, 1 vol. D. 461.

1187. ELEMENTI DI FILOSOFIA, del Barone P. Galuppi, in 16°, Turin 1845. 3 vol. D. 7.

1188. TEORICA DELLA CONOSCENZA, per R. de Carolis, in 8°, Rome 1873. 1 vol. C. 219.

Physique.

1189. MECCANICA DEL CALORE, DI A. MEYER, versione italiana di G. Berutti, in 8°, Turin 1869. 1 vol. C. 367.

Ports.

1190. IL PORTO DI GENOVA, 1891, in folio, Imola 1892. 1 vol. A. 35.

1191. SUI PORTI ITALIANI, CENNI MONOGRAFICI, in folio, Rome 1878. 1 vol. A. 31.

Propriété Foncière.

1192. LA PROPRIETA FONDARIA IN LOMBARDIA, studio di Stefano Jacini. 1 vol. C. 239.

Quarantaines.

1193. DELLE QUARANTENE, dell'Avvocato Ottavio Andreucci, in 8°, Florence 1866. 2 vol. 215.

Revues.

1194. BOLLETINO DELL'IMPERIALE ISTITUTO ARCHEOLOGICO DI ROMA, Anni 1892, 1893. 2 vol. C. 62.

Revues Italiennes.

1195 et **1196**. La Nuova Antologia, Septembre-Décembre 1892, Année 1893. Rome. 8 vol. C. 122.

Revues.

1197. Rivista di Filologia e d'Istruzione classica, Anno 1893, in 8°, Rome. 2 vol. C. 568.

Romaine (histoire).

1198. Le Guerre Puniche, per B. Smith, in 12°, Bologne 1888. 1 vol. D. 434.

Rome.

1199. Monografia della Citta di Roma, e della Campagna Romana, in 8°, Rome 1881. 3 vol. C. 341.

Sardaigne.

1200. Costituzione Metallifera della Sardegna di G. Baldracco, in 8°, Turin 1854. 1 vol. C. 369.

Sociétés commerciales.

1201. Trattato delle Societa Commerciali, per Leo Pedraglio, in 8°, Milan 1887. 1 vol. C. 281.

Sociétés savantes.

1202. Annuario della Societa Reale di Napoli, in 8°. Naples 1890. 1 vol. C. 327.

1203. Atti della Reale Accademia Lucchese, 1821-1889, in 8°, Lucques. 25 vol. C. 329.

1204. Atti dell'Accademia Pontaniana di Napoli 1880-1892, in 4°, Naples. 6 vol. B. 89.

1205. Atti della Quinta Unione degli Scienziati Italiani, tenuta in Lucca Settembre 1843, in 4°, Lucca 1844. 1 vol. B. 94.

1206. Atti e Rendiconti della Reale Accademia delle Scienze Fisiche e Matematiche di Napoli 1863-1892, in 4°, 26 vol. B. 86.

1207. Atti della Reale Accademia di Archeologia, Lettere e Belle Arti di Napoli, anni 1862-1889-1890, in 4°, Naples. 8 vol. B. 85.

1208. Atti dell'Accademia di Scienze Morali e Politiche di Napoli, anni 1862-1871, in 4°, 4 vol. B. 84, anni 1872-1892, in 8°, 16 vol. C. 198.

1209. Atti della Reale Accademia delle Scienze di Torino, anni 1878-1892. 13 vol. C. 197.

1210. Atti della seconda Riunione degli Sienziati Italiani in Torino 1840, in 4°, Turin 1840. 1 vol. B. 105.

1211. Memorie dell'Istituto Nazionale Italiano di Bologna 1806-1810, in 4°, 6 vol. B. 90.

1212. Memorie della Reale Accademia di Scienze, Lettere ed Arti, di Modena 1833-1892, in 4°, 23 vol. B. 91.

1213. Memorie della Reale Accademia delle Scienze di Torino 1820-1838 ; 1864-1892, in 4°, 39 vol. B. 92.

1214. Reale Accademia dei Lincei di Roma, in 8°, 2 vol. C. 597.

1215. Rendiconto delle Tornate dell'Accademia Pontaniana, 1855-1870, in 8°, Naples. 1 vol. C. 328.

1216. Rendiconto dei Lavori della Societa Reale di Napoli, classe di Scienze morali e politiche, anni 1864-1887, in 8°, Naples. 6 vol. C. 200.

1217. Il primo Secolo della Reale Accademia delle Scienze di Torino 1783-1883, in 4°, Turin 1883. 1 vol. B. 87.

Sociologie.

1218. La Sociologia, per C. Salvadori, in 12°, Udine 1885. 1 vol. D. 416.

1219. Studii Sociali, di Eugenio Forni, in 12°, Naples 1882. 1 vol D. 459.

Statistiqne.

1220. Annali di Statistica, memorie di F. Ferraro, in 8°, Rome 1890. 1 vol. C. 292.

1221. Annuario Statistico Italiano 1889-1890, Rome 1891. 1 vol. B. 109.

1222. Elementi di Statistica, di A. Zuccagni Orlandini, in 8°, Florence 1869. 1 vol. C. 293.

Sylviculture.

1223. Gli Eucalitti, notizie di Francesco Marolda Petilli, in 8°, Rome 1879. 1 vol. C. 254.

Tabacs.

1224. Regia e Regolamenti dei Tabacchi in Italia, in 8°, Rome 1891. 1 vol. C. 317.

Théâtre.

1225. Il Teatro in Italia, per Vittore Ottolini, in 8°, Milan s. d. 1 vol. D. 438.

Toscane.

1226. Memorie Economico-Politiche sulla Toscana, dal Cav. Ant. Zobi, in 8°, Florence 1860. 1 vol. C. 338.

Travaux publics.

1227. L'Amministrazione dei Lavori Pubblici in Italia dal 1860 al 1867, Relazione di S. Jacini, in 8°, Florence 1867. 1 vol. C. 259.

1228. Cenni Monografici dei Servizii del Ministero dei Lavori Pubblici, in folio, Rome 1878. 1 vol. A. 24.

1229. Manuale delle Leggi intorno alle Strade, alle Acque, ecc. per A. Cantalupi, in 8°, Milan 1845. 1 vol. C. 282.

1230. Il Ministero dei Lavori Pubblici all'Esposizione di Milano 1881. 1 vol. C. 260.

1231. Catalogo dell'Esposizione del Ministero dei Lavori Pubblici all'Esposizione di Palermo 1892, in 8°, Rome 1892. 1 vol. C. 262.

1232. Il Ministero dei Lavori Pubblici all'Esposizione di Torino 1884, Catalogo in 8°, Rome 1884. 1 vol. C. 261.

1233. Regime delle Spiagge e Regolazione dei Porti, studii di P. Cornaglia, in 8°, Turin 1891. 1 vol. C. 263.

1234. I Singoli Servizii del Ministero dei Lavori Pubblici, 1878-1880, in folio Rome 1881. 1 vol. A. 32.

1235. I Singoli Servizii del Ministero dei Lavori Pubblici, 1881-1884, in folio, Rome 1885. 1 vol. A. 33.

1236. I Singoli Servizii del Ministero dei Lavori Pubblici, in folio, Rome 1892. 1 vol. A. 34.

1237. La Societa veneta per Imprese e Costruzioni Pubbliche, in folio, Bassano 1881 1 vol. A. 37.

1238. Sulle Strade Nazionali dello Stato, cenni monografici, in folio, Rome 1878. 1 vol. A. 25.

1239. Sulle Strade Provinziali Obligatorie, cenni monografici, in folio, Rome 1878. 1 vol. D. 26.

Trigonométrie.

1240. Gli Strumenti di Riflessione per misurare angoli, di G. B. Magnaghi, in 8°, Milan 1875. 1 vol. C. 255.

Turquie.

1241. La Turchia d'Europa e sue Condizioni, in 8°, Rome 1877. 1 vol. D. 441.

Vétérinaire (art du).

1242. Trattato di Patologia Speciale Veterinaria, per Simone Rigoni, in 8°, Florence 1860. 1 vol. C. 251.

Voyages.

1243. Da Zeila alle Frontiere del Caffa, viaggi di Antonio Cecchi in 8°, Rome 1886. 3 vol. C. 188.

1244. Itinerario da Obbia ad Alula, per L. Robecchi Brichetti, in 4°, Rome 1871. 1 vol. B. 134.

1245. Da Roma a Cajenna, narrazioni di Paolo Tibaldi, in 8°, Rome 1888. 1 vol. C. 353.

1246. Fra i Battachi Indipendenti (di Sumatra) viaggio di Elio Modigliani in 8°, Roma 1892. 1 vol. C. 187.

1247. Viaggio di Circumnavigazione della Regia Corvetta Caracciolo, in 8°, Rome 1885. 4 vol. C. 214.

Zoologie.

1248. Elementi per una Bibliografia Italiana intorno all'idrofauna ecc., da Guelfo Cavanna, in 8°, Florence 1880. 1 vol. 252.

SECTION VI.

Livres en Langue Latine

Grecs (auteurs) textes.

1249. CLAUDII AELIANI DE NATURA ANIMALIUM, LIBRI XVII, VARIA HISTORIA, EPISTOLAE, FRAGMENTA ex recognitione, R. Herchen, in 8°, Leipzig 1864. 2 vol. D. 139.

1250. AENÆ COMMENTARIUS POLIORCETICUS recensuit Arnoldus Hug, in 8°, Leipzig 1874. 1 vol. D. 140.

1251. AESCHINIS ORATIONES iterum edidit F. Franke, in 8°, Leipzig 1887. 1 vol. D. 141.

1252. AESCHYLI TRAGŒDIÆ, edidit Henricus Weil in 8°, Leipzig 1889. 1 vol. D. 142.

1253. ANACREONTIS TEII QUAE VOCANTUR SYMPOSIAKA HEMIÏAMBEIA tertium edita a Valentino Rose, in 8°, Leipzig. 1 vol. D. 143.

1254. ANDOCIDIS ORATIONES, edidit F. Blass, in 8°, Leipzig 1880. 1 vol. D. 144.

1255. ANNÆ COMNENÆ PORPHYROGENITAE ALEXIAS, ex recensione Aug. Reifferscheidii, in 8°, Leipzig 1884. 2 vol. D. 145.

1256. ANTHOLOGIA LYRICA, SIVE LYRICORUM GRÆCORUM POETARUM PRAETER PINDARUM RELIQUIÆ POTIORES, Post. Theod. Bergkium quartum edidit Eduardus Hiller, in 8°, Leipzig 1890. 1 vol. D. 149.

1257. ANTIPHONTIS ORATIONES ET FRAGMENTA, ADIUNCTIS GORGIÆ, ANTISTHENIS, ALCIDAMANTIS DECLAMATIONIBUS, edidit F. Blass, in 8°, Leipzig 1881. 1 vol. D. 146.

1258. ANTONII (DIVI IMPERATORIS MARCI) COMMENTARIARUM QUOS SIBI SCRIPSIT LIBRI XII, recensuit Ioannes Stich, in 8°, Leipzig 1882. 1 vol. D. 147.

1259. APOLLODORI BIBLIOTHECA EX RECOGNITIONE I. Bekkeri. in 8°, Leipzig 1854. 1 vol. D. 148.

1260. APOLLONII PERGII QUÆ GRÆCE EXTANT CUM COMMENTORIIS ANTIQUIS, edidit et latine interpretatus ex. J. L. Heiberg, in 8°, Leipzig 1891. 1 vol. D. 150.

1261. APOLLONII RHODI ARGONAUTICA, recensuit R. Merkel, in 8°, Leipzig 1889. 1 vol. D. 151.

1262. APPIANI HISTORIA ROMANA, edidit Ludwig Mendelssohn, in 8°, Leipzig 1878-1881. 2 vol. D. 152.

1263. ARCHIMEDIS OPERA OMNIA CUM COMMENTARIIS EUTOCII, edidit et adnotavit J. L. Heiberg, in 8°, Leipzig 1881. 3 vol. D. 153.

1264. ARISTOPHANIS COMŒDIAE, edidit Th. Bergk, in 8°, Leipzig 1888. 2 vol. D. 154.

1265. ARISTOTELIS DE ANIMA LIBRI III, recognovit Guilielmus Biehl, in 8°, Leipzig 1884. 1 vol. D. 164.

1266. ARISTOTELIS DE ARTE POETICA LIBER, recensuit G. Christ, in 8°, Leipzig 1882. 1 vol. D. 159.

1267. ARISTOTELIS DE CÆLO, DE GENERATIONE et CORRUPTIONE, recensuit Carolus Prantl, in 8°, Leipzig 1881. 1 vol. D. 167.

1268. Aristotelis quæ Feruntur de Coloribus, de Audibilibus, Physiognomica, recensuit Carolus Prantl, in 8°, Leipzig 1889. 1 vol. D. 158.

1269. Aristotelis Ethica Eudemia, recognovit F. Süsemihl, in 8°, Leipzig 1884. 1 vol. D. 160.

1270. Aristotelis Ethica Nicomachea, recognovit Franciscus Süsemihl, in 8°, Leipzig 1882. 1 vol. D. 156.

1271. Aristotelis quæ Ferebantur Librorum Fragmenta, collegit V. Rose, in 8°, Leipzig 1886. 1 vol. D. 169.

1272. Aristotelis Metaphysica, recognovit W. Christ, in 8°, Leipzig 1886. 1 vol. D. 161.

1273. Aristotelis Magna Moralia, recognovit F. Süsemihl, in 8°, Leipzig 1883. 1 vol. D. 165.

1274. Aristotelis quæ Feruntur Œconomica, recensuit F. Süsemihl, in 8°, Leipzig 1887. 1 vol. D. 164.

1275. Aristotelis de Partibus Animalium Libri Quattuor, recog. Bernh. Langkavel, in 8°, Leipzig 1868. 1 vol. D. 155.

1276. Aristotelis Physica, recensuit Carolus Prantl, in 8°, Leipzig, 1889. 1 vol. D. 157.

1277. Aristotelis quæ Feruntur de Plantis, de Mirabilibus Auscultationibus, de Mechanica, de Lineis Insecabilibus, Ventorum Situ et Nomine, de Melisso, Xenophane, Gorgia, edidit Otto Apelt in 8°, Leipzig 1888. 1 vol. 168.

1278. Aristotelis Politica, edidit F. Süsemihl, in 8°, Leipzig 1882. 1 vol. D. 162.

1279. Aristotelis Politica Athenaiôn, edidit F. Blass, in 8°, Leipzig 1892. 1 vol. D. 166.

1280. Arriani Anabasis, recognovit Carolus Abicht in 8°, Leipzig 1889. 1 vol. D. 170.

1281. Arriani Nicomediensis Scripta Minora Iterum curavit, Alf. Eberhard, in 8°, Leipzig 1885. 1 vol. D. 171.

1282. Athenæi Naucratitæ Deipnosophistarum Libri XV., recensuit G. Kaibel, in 8°, Leipzig 1887-1890. 3 vol. D. 172.

1283. Autolyci de Sphæra quæ Movetur Liber de Ortibus et Occasibus Libri Duo, una Cum Scholiis Antiquis, edidit Fridericus Hultsch, in 8°, Leipzig 1885. 1 vol. D. 173.

1284. Babrii Fabulæ Æsopicæ, edidit F. G. Schneidewin, in 8°, Leipzig 1880. 1 vol. D. 174.

1285. Bucolicorum Græcorum Theocriti Bionis Moschi Reliquiæ Accedentibus Incertorum Idyllis, recensuit H. L. Ahrens, in 8°, Leipzig 1891. 1 vol. D. 175.

1286. Ioannis Canabitzæ Magistri in Dionysum Halicarnassensem Commentarius, edidit M. Lehnerdt, in 8°, Leipzig 1890. 1 vol. D. 176.

1287. A. Cornelii Celsi de Medicina libri octo, recensuit C. Daremberg, in 8°, Leipzig 1891. 1 vol. D. 177.

1288. CLEOMEDIS DE MOTU CIRCULARI CORPORUM CŒLESTIUM LIBRI DUO LATINA INTERPRETATIONE, instruxit Hermanus Ziegler, in 8°, Leipzig 1891. 1 vol. D. 178.

1289. CORPUSCULUM POESIS EPICÆ GRÆCÆ LUDIBUNDÆ, PARODIÆ EPICÆ GRÆCÆ ARCHESTRATI RELIQUIAS, SILLOGRAPHOS GRÆCOS CONTINENS curaverunt P. Brandt Curtius Wachsmuth, in 8°, Leipzig 1888. 2 vol. D. 179.

1290. DEMOSTHENIS ORATIONES, ex recensione G. Dindorfi, in 8°, Leipzig 1891. 3. vol. D. 180.

1291. DINARCHI ORATIONES ADJECTIS DEMADIS QUI FERTUR FRAGMENTIS, edidit F. Blass, in 8°, Leipzig 1888. 1 vol. D. 181.

1292. DIODORI BIBLIOTHECA HISTORICA, curaverunt Im. Bekker et L. Dindorf, in 8°, Leipzig 1890. 2 vol. D. 183.

1293. DIONIS CASSII COCCEIANI HISTORIA ROMANA, curavit L. Dindorf, Tom. I. in 8°, Leipzig 1890. 1 vol. D. 182.

1294. DIONYSII HALICARNASENSIS, ANTIQUITATUM ROMANARUM quæ supersunt ed. C. Jacoby, in 8°, Leipzig 1885-1891. 3 vol. D. 184.

1295. ECLOGAE POETARUM GRÆCORUM Scholarum in usum composuit Hug Stadtmüller, in 8°, Leipzig 1883, 1 vol. D. 185.

1296. EPICORUM GRÆCORUM FRAGMENTA, collegit Rodof Kinkel, in 8°, Leipzig 1877. 1 vol. D. 186.

1297. EUCLIDIS OPERA OMNIA, ediderunt J. L. Heiberg et H. Menge, in 8°, Leipzig 1883-1888. 5 vol. D. 187.

1298. EUDOCIÆ AUGUSTÆ VIOLARUM recensuit Joannes Flach, in 8°, Leipzig 1880. 1 vol. D. 188.

1299. EURIPIDIS TRAGOEDIÆ ex Recensione Augusti Nauckii, in 8°, Leipzig 1889-1892. 3 vol. D. 189.

1300. EUSEBII CAESARIENSIS OPERA, recognovit G. Dindorfus, in 8°, Leipzig 1877-1890. 4 vol. D. 190.

1301. FABULAE AESOPICAE, collectæ e recognitione C. Halmii, in 8°, Leipzig 1889. 1 vol. D. 191.

1302. FLAVI JOSEPHI OPERA OMNIA, recognovit Samuel Adrianus Naber, in 8°, Leipzig 1888-1892. 3 vol. D. 192.

1303. CLAUDII GALENI PERGAMENI SCRIPTA MINORA, recensuerunt J. Marquardt, Iwanus Müller, Georgius Helmreich, in 8°, Leipzig 1884-1891. 2 vol. D. 193.

1304. GEORGII CYPRII DESCRIPTIO ORBIS ROMANI, edidit Henricus Gelzer, in 8°, Leipzig 1890. 1 vol. D. 194.

1305. HELIODORI AETHIOPICORUM, Libri decem recognovit Immanuel Bekker, in 8°, Leipzig 1855. 1 vol. D. 195.

1306. HERODIANI AB EXCESSU DIVI MARCI, Libri octo ab Im. Bekkero recogniti, in 8°, Leipzig 1855. 1 vol. D. 196.

1307. HERODOTI HISTORIARUM, Libri IX edidit H. R. Dietsch, in 8°, Leipzig 1890. 2 vol. D. 197.

1308. HERONDAE MIMIAMBI ACCEDUNT PHOENICIS CORONISTAE, MATTII MIMIAMBORUM FRAGMENTA, edidit Otto Crusius, in 8°, Leipzig 1892. 1 vol. D. 198.

1309. HESIODI QUÆ FERUNTUR CARMINA recensuit Joannes Flach, in 8°, Leipzig 1891. 1 vol. D. 199.

1310. HESYCHII MILESI QUI FERTUR DE VIRIS ILLUSTRIBUS LIBER recensuit Joannes Flach, in 8°, Leipzig 1880. 1 vol. D. 201.

1311. HISTORICI GRÆCI MINORES (Nicolaus Damascenus, Pausanias Damascenus, Dexippus, Eusebius, Eunapius, Priscus, Eustathius Epipheniensis, Nestorianus, Magnus et Eutychianus, Joannis epiphaniensis, Malchus, Petrus, Praxagoras, Candidus, Theophanus byzantios, Olympiodoros, Menander protector, Agathias), edidit L. Dindorf, in 8°, Leipzig 1871. 2 vol. D. 200.

1312. HOMERI ILIAS edidit Guilielmus Dindorf, in 8°, Leipzig 1878. 1 vol. D. 202.

1313. HOMERI ODYSSEA edidit G. Dindorf, in 8°, Leipzig 1891. 1 vol. D. 203.

1314. HYMNI HOMERICI ACCEDENTIBUS EPIGRAMMATIS ET BATROCHOMYOMACHIA recensione Aug. Baumeisler, in 8°, Leipzig 1888. 1 vol. D. 204.

1315. HYPERIDIS ORATIONES QUATTUOR CUM CÆTERORUM FRAGMENTIS edidit F. Blass, in 8°, Leipzig 1881. 1 vol. D. 205.

1316. JAMBLICHI DE COMMUNI MATHEMATICA SCIENTIA LIBER edidit N. Festa, in 8°, Leipzig 1891. 1 vol. D. 207.

1317. JAMBLICHI PROTREPTICUS edidit H. Pistelli, in 8°, Leipzig 1888. 1 vol. D. 206.

1318. Isæi Orationes cum Aliquot Deperditarum Fragmentis edidit Carolus Scheibe, in 8°, Leipzig 1889. 1 vol. D. 208.

1319. Isocratis Orationes edidit F. Blass, in 8°, Leipzig 1891. 1 vol. D. 209.

1320. Juliani Imperatoris quæ Supersunt recensuit F. C. Hertlein, in 8°, Leipzig 1876. 2 vol. D. 210.

1321. Imperatoris Justiniani Novellæ quæ Vocantur edidit C. Zachariæ A. Lingenthal, in 8°, Leipzig 1881. 2 vol. D. 211.

1322. De Diocesi Ægyptiaca lex ab Imperatore Justiniano Anno 554 Lato edidit C. E. Zachariæ A. Lingenthal, in 8°, Leipzig 1891. 1 vol. D. 212.

1323. Luciani Samosatensis Opera ex recognitione Caroli Jacobitz, in 8°, Leipzig 1888. 3 vol. D. 213.

1324. Lycophronis Alexandra recensuit Godofredus Kinckel, in 8°, Leipzig 1880. 1 vol. D. 214.

1325. Lycurgi Oratio in Leocratem edidit Carolus Scheibe, in 8°, Leipzig 1891. 1 vol. D. 215.

1326. Joannis Laurenti Lydi Liber de Ostentis et Calendaria Græca Omnia edidit Curtius Wachsmuth, in 8°, Leipzig 1853. 1 vol. D. 216.

1327. Lysiæ Orationes recensuit Carolus Scheibe, in 8°, Leipzig 1890. 1 vol. D. 217.

1328. Manethonis Apotelesmaticorum qui Feruntur Libri VI, relegit Arminius Kœchly, in 8°, Leipzig 1858. 1 vol. D. 218.

1329. MAXIMI ET AMMONIS CARMINUM DE ACTIONUM AUSPICIIS RELIQUIÆ ACCEDUNT ANECDOTA ASTROLOGICA recensuit Arthurus Ludwig, in 8°, Leipzig 1877. 1 vol. D. 219.

1330. METROLOGICORUM SCRIPTORUM RELIQUIÆ collegit recensuit F. Hultsch, in 8°, Leipzig 1876. 2 vol. D. 220.

1331. NICEPHORI ARCHIEPISCOPI CONSTANTINOPOLITANI OPUSCULA HISTORICA, edidit Carolus de Boor, in 8°, Leipzig 1880. 1 vol. D. 221.

1332. NICOMACHI GERACENI PYTHAGOREI INTRODUCTIONIS ARITHMETICÆ LIBRI II, recensuit R. Hoche, in 8°, Leipzig 1876. 1 vol. D. 222.

1333. NONNI PANOPOLITANI DIONYSIACORUM LIBRI XLVIII, recensuit Arminius Kœchly, in 8°, Leipzig 1857. 2 vol. D. 223.

1334. NONNI PANOPOLITANI PARAPHRASIS S. EVANGELII JOANNI edidit Augustinus Scheindler, in 8°, Leipzig 1881. 1 vol. D. 224.

1335. NOVUM TESTAMENTUM GRÆCE, recensuit Philippus Buttmann, in 8°, Leipzig 1880. 1 vol. D. 225.

1336. ONOSANDRI DE IMPERATORIS OFFICIO LIBER, recensuit Arminius Kœchly, in 8°, Leipzig 1890. 1 vol. D. 226.

1337. PAUSANIÆ DESCRIPTIO GÆCIÆ, recognovit J. H. C. Schubart, in 8°, Leipzig 1889. 2 vol. D. 227.

1338. PHILODEMI VOLUMINA RHETORICA, edidit Dr S. Sudhaus, in 8°, Leipzig 1892. 1 vol. D. 228.

1339. Philodemi de Musica Librorum quæ Extant edidit Joannes Kemke, in 8°, Leipzig 1884. 1 vol. D. 229.

1340. Flavii Philostrati Opera Auctiora, edidit C. L. Kayser, in 8°, Leipzig 1871. 1 vol. D. 230.

1341. Pindari Carmina, cum Deperditorum Fragmentis Selectis, recognovit W. Christ, in 8°, Leipzig 1891. 1 vol. D. 231.

1342. Platonis Dialogi secundum Thrasylli Tetralogias Dispositi, edidit C. G. Herrmann, in 8°, Leipzig 1890. 6 vol. D. 232.

1343. Plotini Enneades, præmisso Porphyri de Vita Plotini deque Ordine Librorum ejus Libello, edidit Ricardus Volkmann, in 8°, Leipzig 1883. 2 vol. D. 233.

1344. Plutarchi Opera, recognoverunt G. N. Bernardakis et Carolus Santénis, in 8°, Leipzig 1881-1892. 9 vol. D. 234.

1345. Polemonis Declamationes quæ Exstant, edidit Hugo Henckh, in 8°, Leipzig 1883. 1 vol. D. 235.

1346. Polyæni Strategematon Libri Octo ex Recensione Eduardi Wœlfflin, iterum recensuit Iwanus Mueller, in 8°, Leipzig 1887. 2 vol. D. 236.

1347. Polybiou Historiai Editionem a Ludovico Dindorfio Curatam, retractavit Theodorus Bittner-Wobst, in 8°, Leipzig 1882-1889. 2 vol. D. 237.

1348. Porphyri Platonici Philosophi Opuscula Selecta, iterum recognovit Augustus Nauck, in 8°, Leipzig 1886. 1 vol. D. 238.

1349. Procli Diadochi in Primum Euclidis Elementorum Librorum Commentarii, ex recognitione Godofredi Friedlein, in 8°, Leipzig 1873. 1 vol. D. 239.

1350. Quinti Smyrnæi Posthomericarum Libri XIV, recognovit Alb. Zimmermann, in 8°, Leipzig 1891. 1 vol. D. 240.

1351. Rerum Naturalium Scriptores Græci Minores, recensuit Otto Keller, in 8°, Leipzig 1877. 1 vol. D. 241.

1352. Rhetores Græci, ex recognitione Leonardi Spengel. Aristotelis artem rhetoricam, Hermogenis progymnasmata, Aphthonii sophisti progymnasmata, Theonis progymnasmata, Hermogenis scripta diversa, Aristidis rhetoricam technem continens, in 8°, Leipzig 1856. 3 vol. D. 242.

1353. Scriptores Græci Metrici, edidit R. Westphal, in 8°, Leipzig 1856. 1 vol. D. 243.

1354. Sexti Amarcii Galli Piosistrati Sermonum Libri IV, in 8°, Leipzig 1888. 1 vol. D. 263.

1355. Simeonis Sethi Syntagma de Alimentorum Facultatibus, edidit Bernhardus Langkavel, in 8°, Leipzig 1858. 1 vol. D. 244.

1356. Sophoclis Tragœdiæ, ex recensione G. Dindorf, in 8°, Leipzig 1889. 1 vol. D. 245.

1357. Scholia in Sophoclis Tragœdias, edidit P. N. Papageorgius, in 8°, Leipzig 1888. 1 vol. D. 246.

1358. Sorani Gynæciorum, edidit Valentinus Rose, in 8°, Leipzig 1882. 1 vol. D. 247.

1359. Alberti Stadensio Troïlus, editus a Th. Merzdorf, in 8°, Leipzig 1885. 1 vol. D. 262.

1360. Joannis Stobœi Eclogarum Physicarum et Ethicarum Libri Duo, recensuit Augustus Meineke, in 8°, Leipzig 1890. 2 vol. D. 248.

1361. Strabonis Geographica, recognovit Aug. Meineke, in 8°, Leipzig 1876-1877. 3 vol. D. 249.

1362. Theodori Prodromi Catomyomachia, ex recensione Rudolfi Herscheri, in 8°, Leipzig 1873. 1 vol. D. 250.

1363. Themistii Paraphrases Aristotelis Librorum quæ Supersunt, edidit Leonardus Spengel, in 8°, Leipzig 1876. 2 vol. D. 251.

1364. Theonis Smyrnæi Expositio Rerum Mathematicarum ad Legendum Platonem utilium recensuit Ed. Hiller, in 8°, Leipzig 1878. 1 vol. D. 252.

1365. Theophrasti Eresii Opera quæ Supersunt Omnia, ex recognitione Friderici Wimmer, in 8°, Leipzig 1854-1872. 3 vol. D. 253.

1366. Theophylacti Simocattæ Historiæ, edidit Carolus de Boor, in 8°, Leipzig 1887. 1 vol. D. 254.

1367. Thucydidis de Bello Peloponesiaco Libri Octo, recognovit G. Bœhme, in 8°, Leipzig. 2 vol. D. 255.

1368. Xenophontis Commentarii, recognovit Walter Gilbert, in 8°, Leipzig 1888. 1 vol. D. 256.

1369. Xenophontis Expeditio Cyri, recensuit Arnoldus Hug, in 8°, Leipzig 1889. 1 vol. D. 257.

1370. Xenophontis Historia Græca, recensuit Otto Keller, in 8°, Leipzig 1891. 1 vol. D. 258.

1371. Xenophontis Institutio Cyri, recensuit Arnoldus Hug, in 8°, Leipzig 1883. 1 vol. D. 259.

1372. Xenophontis Scripta Minora, recognovit Ludovicus Dindorfius, in 8°, Leipzig 1891. 1 vol. D. 260.

1373. Joannis Zonaræ Epitome Historiarum, edidit Lud. Dindorfius, in 8°, Leipzig 1868-1875. 3 vol. D. 261.

Latins (auteurs ; Textes).

1374. Ammiani Marcellini rerum gestarum libri qui supersunt, recensuit. V. Gardthausen, in 8°, Leipzig 1883. 2 vol. D. 264.

1375. Anthimi de observatione ciborum epistula, edidit Valentinus Rose, in 8°, Leipzig 1887. 1 vol. D. 265.

1376. Sanctii Aurelii Augustini Episcopi de Civitate Dei Libri XXII, recognovit B. Dombart, in 8°, Leipzig 1877. 2 vol. D. 266.

1377. Aulularia sive Querolus Comœdia, edidit Rudolfus Peiper, in 8°, Leipzig 1875. 1 vol. D. 267.

1378. DECIMI MAGNI AUSONII BURDIGALENSIS OPUSCOLA recensuit Rudolfus Peiper, in 8°, 1886. 1 vol. D. 268.

1379. RUFI FESTI AVIENI ARATEA, edidit Alfredus Breysig, in 8°, Leipzig 1882. 1 vol. D. 269.

1380. BŒTII, MANLI TORQUATI SEVERINI DE INSTITUTIONE ARITHMETICA LIBRI DUO DE INSTITUTIONE MUSICA LIBRI QUINQUE, edidit Godofredus Friedlein, in 8°, Leipzig 1867. 1 vol. D. 270.

1381. CASSII FELICIS DE MEDICINA LIBER, editus a Valentino Rose, in 8°, Leipzig 1879. 1 vol. D. 271.

1382. CATULLI CARMINA, recensuit Luc. Mueller, in 8°, Leipzig 1885. 1 vol. D. 272.

1383. C. JULII CÆSARIS COMMENTARII recognovit Bernhardus Dinter, in 8°, Leipzig 1890. 1 vol. D. 273.

1384. CENSORINI DE DIE NATALE, recensuit Fridericus Hultsch, in 8°, Leipzig 1877. 1 vol. D. 274.

1385. CHRISTUS PATIENS RECENSUIT J. G. Brambs, in 8° Leipzig 1885. 1 vol. D. 275.

1386. M. TULLII CICERONIS SCRIPTA QUÆ MANSERUNT OMNIA, recognovit C. F. W. Mueller, in 8°, Leipzig 1890. 10 vol. D. 276.

1387. COMMODIANI CARMINA, recognovit Ernestus Ludwig, in 8°, Leipzig 1878. 2 vol. D. 277.

1388. COMÆDIÆ HORATIANÆ TRES, edidit Ricardus Janhnke, in 8°, Leipzig 1891. 1 vol. D. 278.

1389. CORNELII NEPOTIS VITÆ Post Carolum Halmium, recognovit Alf. Fleckheisen, in 8°, Leipzig 1890. 1 vol. D. 279.

1390. Cornuti Theologiæ Græcæ Compendium, recensuit et emendavit Carolus Lang, in 8°, Leipzig 1881. 1 vol. D. 280.

1391. Q. Curti Rufi Historiarum Alexandri Magni Macedonis Libri qui Supersunt, recognovit Theodorus Vogel, in 8°, Leipzig 1889. 1 vol. D. 281.

1392. Daretis phrygii de Excidio Troaiæ Historia recensuit Ferd. Meister, in 8°, Leipzig 1872, 1 vol. D. 282.

1393. Dictus Cretensis Ephemeridos Belli Troiani Libri Sex, recognovit Ferdinandus Meister, in 8°, Leipzig 1872. 1 vol. D. 283.

1394. Dracontii Carmina Minora Plurima inedita ex Codice Neapolitano, edidit Fridericus de Duhn, in 8° Leipzig 1873. 1 vol. D. 284.

1395. Pœtarum Latinorum Eclogae in usum Gymnasiorum, composuit Samuel Brandt, in 8°, Leipzig 1881. 1 vol. D. 285.

1396. Eutropi Breviarium ab urbe condita, recognovit Franciscus Ruhl, in 8°, Leipzig 1887. 1 vol. D. 286.

1397. Fabulæ Romanenses Græce Conscriptæ ex Recensione Alf. Eberhard, in 8°, Leipzig 1872. 1 vol. D. 287.

1398. Juli Flori Epitome de Tito Livio Bellorum Omnium Annorum DCC Libri duo, recognovit Carolus Halm., in 8°, Leipzig 1872. 1 vol. D. 288.

1399. Gaii Institutionum Iuris Civilis Commentarii Quattuor Editione Quinta, edidit Ph. E. Huschke, in 8°, Leipzig 1886. 1 vol. D. 289.

1400. Auli Gellii Noctium Atticarum Libri XX, ex recensione Martini Herz. Editio minor altera Leipzig 1886. 2 vol. D. 290.

1401. Hieronymi de Viris Illustribus Liber, ex recensione Guilielmi Herdingii, in 8°, Leipzig 1879. 1 vol. D. 291.

1402. Juli Frontini Stratagematon Libri Quattuor, edidit G. Gundermann, in 8°, Leipzig 1888. 1 vol. D. 292.

1403. Elogium Tiberii Hemsterhusii auctore Davide Ruhnkenio, in 8°, Leipzig 1875. 1 vol. D. 326.

1404. Historicorum Romanorum Fragmenta collegit disposuit recensuit Hermannus Peter, in 8°, Leipzig 1883. 1 vol. D. 293.

1405. Q. Horatii Flacci Carmina, iterum recognovit Lucianus Mueller, editio maior in 8°, Leipzig 1892, 1 vol. D. 294.

1406. Hygini Gromatici Liber de Munitionibus Castrorum, ex recensione G. Gemoll, in 8°, Leipzig 1879. 1 vol. D. 295.

1407. Incerti Auctoris de Constantino Magno Eiusque Matre Helena libellus e codicibus primus edidit Ed. Heyndenreich, in 8°, Leipzig 1879. 1 vol. D. 296.

1408. Jurisprudentiæ Ante-Iustinianæ quæ supersunt, recensuit Ph. E. Hutchke, in 8°, Leipzig 1884. 2 vol. D. 297-298.

1409. Julii Valerii Alexandri Polemi res gestæ Alexandris Macedonis Translatæ, ex Æsopo græco recensuit Bernhardus Kuebler, in 8°, Leipzig 1888. 1 vol. D. 299.

1410. M. JUNIANI JUSTINI, EPITOME HISTORIARUM PHILIPPICARUM POMPEI FROGI, ex-recensione F. Ruehl, in 8°, Leipzig 1886. 1 vol. D. 300.

1411. IMP. JUSTINIANI INSTITUTIONUM LIBRI QUATTUOR, ex-recognitione Ph. Edw. Huschke, in 8°, Leipzig 1884. 2 vol. D. 301-302.

1412. D. JUNII JUVENALIS SATIRARUM LIBRI QUINQUE, ex recognitione C. F. Hermann, in 8°, Leipzig 1890. 1 vol. D. 303.

1413. C. VETTII AQUILINI JUVENCI EVANGELIORUM LIBRI III, recognovit Carolus Marold, in 8°, Leipzig 1886. 1 vol. D. 304.

1414. LÆVI CALVI CIMÆ ALIORUM RELIQUÆ ET PRIAPEA, recensuit Lucianus Mueller, in 8°, Leipzig 1885. 1 vol. D. 272.

1415. TITI-LIVI AB URBE CONDITA LIBRI CXL, iterum recognovit W. Weissenborn, in 8°, Leipzig 1889-1891. 6 vol. D. 305.

1416. T. LUCRETII CARI DE RERUM NATURA LIBRI sex recognovit Jocobus Bernaysius, in 8°, Leipzig 1880. 1 vol. D. 306.

1417. MARCELLI DE MEDICAMENTIS LIBER, edidit Georgius Helmreich, in 8°, Leipzig 1889. 1 vol. D. 307.

1418. M. VALERII MARTIALIS EPIGRAMMATA LIBRI XIV, recognovit W. Gilbert, in 8°, Leipzig 1886. 1 vol. D. 308.

1419. MARTIANUS CAPELLA, recensuit F. Eyssenhardt, in 8°, Leipzig 1876. 1 vol. D. 309.

1420. M. Minucii Felicis Octavius, emendavit Æmilius Bæhrens, in 8°, Leipzig 1886. 1 vol. D. 310.

1421. M. Antonii Mureti Scripta Selecta, edidit Josephus Frey, in 8°, Leipzig 1887. 1 vol. D. 311.

1422. Pauli Orosii Historiarum Adversus Paganos Libri VIII, ex recognitione C. Zangemeister. in 8°, Leipzig 1889. 1 vol. D. 312.

1423. P. Ovidius Naso, ex recognitione R. Merkelii, in 8°, Leipzig 1887-1889. 3 vol. D. 313.

1424. Panegyrici Latini XII, recensuit Æmilius Bæhrens, in 8°, Leipzig 1874. 1 vol. D. 314.

1425. Pelagonii Artis Veterinariæ quæ Extant, recensuit M. Ihm, in 8°, Leipzig 1892. 1 vol. D. 315.

1426. A. Persii Flacci Satirarum Liber, ex recensione C. F. Hermanni, in 8°, Leipzig 1881. 1 vol. D. 316.

1527. Phædri Augusti Liberti Fabulæ Æsopicæ, recognovit Lucianus Mueller, in 8°, Leipzig 1890. 1 vol. D. 317.

1428. T. Maccii Plauti Comœdiæ, ex recognitione Alf. Fleckheisen, in 8°, Leipzig 1891. 2 vol. D. 318.

1429. C. Plinii Cæcili Secundi Epistularum Libri Novem ad Traianum Liber Panegyricus, recognovit Henricus Keil, in 8°, Leipzig 1889. 1 vol. D. 319.

1430. Plinii Secundi quæ Fertur Una cum Gargilii Martialis Medicina, edita a Valentino Rose, in 8°, Leipzig 1875. 1 vol. D. 320.

1431. Poetæ Latini Minores, recensuit et emendavit Æmilius Bæhrens, in 8°, Leipzig 1879-1886. 6 vol. D. 321.

1432. Pomponii Melæ de Chorographia Libri Tres, recognovit Carolus Frick, in 8°, Leipzig 1880. 1 vol. D. 322.

1433. Pomponii Porphyrionis Commentarii in Q. Horatium Flaccum, recensuit Guglielmus Meyer, in 8°, Leipzig 1874. 1 vol. D. 323.

1434. Propertii Carmina, edidit Lucianus Mueller, in 8°, Leipzig 1885. 1 vol. D. 272.

1435. M. Fabii Quintiliani Institutiones Oratoriæ Libri Duodecim, recensuit Edwardus Bonnell, in 8°, Leipzig 1884. 1 vol. D. 324.

1436. M. Fabii Quintiliani Declamationes quæ Supersunt CXLV, recensuit Constantinus Ritter, in 8°, Leipzig 1884. 1 vol. D. 325.

1437. Claudii Rutili Namatiani, de reditu suo libri II, recensuit Lucianus Mueller, in 8°, Leipzig 1890. 1 vol. D. 327.

1438. C. Sallusti Crispi Catilina Jugurtha et Historiis Orationes et Epistolæ, edidit Adam Ensener, in 8°, Leipzig 1889. 1 vol. D. 328.

1439. L. Annæi Senecæ Opera Quæ Supersunt, edidit Friderico Haase, in 8°, Leipzig 1887-1892. 3 vol. D. 329.

1440. Annæi Senecæ Oratorum et Rethorum Sententiæ Divisiones Colores, recognovit Adolphus Kiessling, in 8°, Leipzig 1877. 1 vol. D. 330.

1441. Scriboni Largi Conpositiones, edidit G. Helmreich, in 8°, Leipzig 1887. 1 vol. D. 331.

1442. Scriptores Historiæ Augustæ, recensuit Hermannus Peter, in 8°, Leipzig 1884. 1 vol. D. 332.

1443. Silii Italici Punica, edidit Ludovicus Bauer in 8°, Leipzig 1890. 1 vol. D. 333.

1444. P. Papinii Statii Siluæ Achilleis Thebais, recensuit Æmilius Baehrens, in 8°, Leipzig 1876-1879. 3 vol. D. 334.

1445. C. Suetoni Tranquilli Quæ Supersunt Omnia, recensuit Carolus Ludovicus Roth. in 8°, Leipzig 1890. 1 vol. D. 335.

1446. Cornelii Taciti Libri Quæ Supersunt, recognovit Carolus Halm, in 8°, Leipzig 1885. 2 vol. D. 336.

1447. P. Terentii Comœdiæ. recensuit Alfredus Fleckheisen, in 8°, Leipzig 1884. 1 vol. D. 337.

1448. Thiofridi Epternacensis Vita Willibrordi, edidit Konradus Rossberg in 8°, Leipzig 1883. 1 vol. D. 338.

1449. Tibulli Carmina, edidit Lucianus Mueller, in 8°, Leipzig 1885. 1 vol. D. 272.

1450. Valeri Maximi Factorum et Dictorum Memorabilium Libri novem, recensuit Carolus Kempf, in 8°, Leipzig 1888. 1 vol. D. 339.

1451. P. Valeri Flacci Setini Balbi Argonauticon Libri Octo, recognovit Æmilius Baehrens, in 8°, Leipzig 1875. 1 vol. D. 340.

1452. M. Terenti Varronis Rerum Rusticarum Libri Tres, recognovit Henricus Keil, in 8°, Leipzig 1889. 1 vol. D. 341.

1453. Flavii Vegeti Renati Epitome Rei Militaris, recensuit Carolus Lang, in 8°, Leipzig 1885. 1 vol. D. 342.

1454. C. Vellei Paterculi ex Historiæ Romanæ Libris Duobus quæ Supersunt, edidit Carolus Halm, in 8°, Leipzig 1876. 1 vol. D. 343.

1455. P. Vergilii Maronis Opera, recognovit Otto Ribbeck, in 8°, Leipzig 1889. 1 vol. D. 344.

1456. Virgilii Maronis Grammatici Opera, edidit Johannes Huemer, in 8°, Leipzig 1886. 1 vol. D. 345.

1457. Vitæ Novem Sanctorum Metricæ, edidit Guilielmus Harster, in 8°, Leipzig 1887. 1 vol. D. 346.

Geographie ancienne.

1458. Geographi Græci Minores, edidit C. Müller, in 8°, Parisiis 1855. 3 vol. C. 55.

Grecque (langue).

1459. Glossarium Mediæ et Infimæ Græcitatis, auctore Carolo du Fresne, domino Du Cange, in folio, Vratislaviæ 1891. 2 vol. A. 8.

Grecque (littérature).

1460. Anacreontis Odæ et Fragmenta, Græce et Latine, edidit J. B. Gail, in 8°, Paris 1798. 1 vol. C. 39.

1461. Anthologia Græca Palatina, curavit Frid. Jacobs, in 8°, Leipzig 1814. 2 vol. C. 492.

1462. Biographoi, Vitarum Scriptores Græci Minores, edidit A. Westermann, in 8°, Brunswick, 1 vol. C. 96.

Inscriptions Grecques.

1463. Corpus Inscriptionum Græcarum, in 4°, Berlin 1828-1877, par Bœckh et Franz. 4 vol. A. 6.

Inscriptions latines.

1464. Corpus Inscriptionum Latinarum, collegit G. Willmans, vol. VIII, in folio, Berlin 1881. 2 vol. A. 7.

Italienne (littérature).

1465. Dante Alighieri de Vulgari Eloquentia, in 8°, Venise 1892. 1 vol. C. 505.

1466. Thomæ Vallauri Acroases IV, in 12°, Turin 1868. 1 vol. D. 404.

1467. Thomæ Vallaurii Acroases, in 8°, Sienne 1888. 1 vol. D. 399.

1468. Thomæ Vallaurii Orationes, in 12°, Turin 1853. 1 vol. D. 403.

Latine (littérature).

1469. THOMÆ VALLAURII HISTORIA CRITICA LATINARUM LITTERARUM, in 12°, Turin 1888. 1 vol. D. 402.

Manuscrits orientaux.

1470. CATALOGI CODICUM ORIENTALIUM MUSÆI BRITANNICI, in folio, Londini 1847. 5 vol. A. 39.

Critique.

1471. THOMÆ VALLAURII SCRIPTIONES CRITICÆ, in 12°, Sienne 1889. 1 vol. D. 401.

Grecs (Auteurs).

1472. XENOPHONTIS SCRIPTA QUÆ SUPERSUNT GRÆCE ET LATINE, in 8°, Paris 1838. 1 vol. C. 530.

Orientales (religions).

1473. LOS RITOS ORIENTALES, par P. Hugolino Masia, in 8°, Madrid 1883. 1 vol. D. 551.

TABLE ALPHABÉTIQUE PAR SUJETS

A

Administration, 841, 842.
Afrique, 84, 213 à 215, 1006.
Agriculture, 85, 86, 216, 217, 218, 843 à 854.
Alexandrie ancienne, 179, 486, 830, 832, 965.
Alexandrine (philosophie), 505 à 507.
Algérie, 219 à 220.
Alimentation, 855.
Allemande (langue), 63, 64, 65, 66, 67, 68, 69, 221 à 224.
Almanachs, 87, 225, 831.
Anatomie, 226.
Anglaise (langue), 88, 227, 228, 229.
Anglaise (littérature), 1, 91 à 96, 230, 231, 856.
Angleterre, 857.
Angleterre (histoire d'), 89, 90, 232.
Anthropologie, 233, 234, 858.
Antique (art), 2, 97, 98, 245.
Antiquité (histoire de l'), 3, 4, 5, 6, 7.
Arabe (archéologie), 235.
Arabe (art), 236, 237.
Arabe (langue), 238, 239, 240.
Arabe (littérature), 99, 241, 242.
Architecture, 243, 244, 861.
Archives, 862.
Art militaire, 865.
Arts et Manufactures, 246.
Art moderne, 247.
Artillerie, 863 à 864.
Asiles, 866.
Assyrie, 248.
Astronomie, 249 à 255, 838, 867.
Autriche-Hongrie (histoire de l'), 256.

B

Banques, 868.
Bible, 100, 101.
Bibliographie, 8, 9, 10, 11, 102, 103, 257, 258, 259, 869, 870, 871.
Bibliothèques, 12, 104 à 108, 260, 872, 873, 874.
Biographie — Histoire, 109, 110, 261, 262, 263, 875 à 885.
Blason, 264.
Botanique, 265, 266.
Bourgeoisie, 267.
Brésil, 268, 269, 886.
Brigandage, 887.
Byzantine (histoire), 270, 271.

C

Cadastre, 888.

Céramique, 272.

Céramique ancienne, 111.

Chemins de fer, 273, 889, 890.

Chimie, 274, 275, 276.

Chirurgie, 891 à 894.

Choléra, 829.

Chronologie, 277.

Colombie, 278.

Colonisation, 895, 896.

Commerce, 112, 113, 114, 115, 279, 897, 898.

Comptabilité, 13, 14, 15, 16, 17, 280, 281, 899 à 924.

Comptabilité publique, 925 à 933.

Conseil d'Etat, 934.

Consulaire (Bulletin), 934 A.

Consulaires (Rapports), 193, 194.

Contributions, 935.

Conventions commerciales, 936.

Crédit Agricole, 937.

Critique Littéraire, 938.

D

Déportation, 939.

Dessin, 940.

Dictionnaires — Encyclopédies, 18, 19, 115b, 115c, 115d, 282 à 291, 834.

Diplomatie, 941 à 942.

Douanes, 943 à 946.

Droit, 292.

Droit administratif, 947 à 948.

Droit civil, 949.

Droit commercial, 950.

Droit français, 293.

Droit international, 951 à 952.

Droit maritime, 294, 953.

Droit politique, 954.

Droit public, 955.

E

Economie domestique, 295.

Economie Politique, 296, 297, 298, 299, 300, 956, 957.

Economie sociale, 301, 302, 958.

Ecriture, 303.

Education, 304, 305, 306, 959.

Egypte (administrations), 307 à 321.

Egypte (affaires étrangères), 322 à 334.

Egypte (agriculture) 335 à 337, 963.

Egypte (armée), 120.

Egypte (bibliographie de l') 20, 121.

Egypte (bibliothèques) 338.

Egypte (canal de Suez), 339 à 344.

Egypte (choléra), 345, 346, 829.

Egypte (descriptions guides et voyages), 122, 123, 124, 125, 126, 347 à 360, 970.

Egypte (divers), 484 à 485.

Egypte (finances), 128 à 134, 361 à 395.

Egypte (flore), 396.

Egypte (géographie), 398 à 400.

Egypte (gouvernement), 401 à 405.

Egypte (min. de la guerre), 406.

Egypte (histoire générale), 407, 408,

Egypte (hygiène), 416.

Egypte (impôts) 964.

Egypte (instruction publique), 127, 417 à 421.

Egypte (irrigations) 135 à 144.

Egypte (journaux), 962.

Egypte (justice), 478 à 483.

Egypte (législation) 422 à 428, 967.

Egypte (musées), 429 à 432.

Egypte (observatoire), 433, 434.

Egypte (pétrole), 145 à 147.

Egypte (propriété foncière), 397.

Egypte (revues), 435, 436, 966.

Egypte (sociétés), 437.

Egypte (sociétés savantes), 438 à 442.

Egypte (Soudan), 400, 443 à 444, 960.

Egypte (travaux publics), 445 à 466.

Egypte (tribunaux), 968, 969.

Egypte (tribunaux de la réforme), 467 à 477.

Egypte ancienne, (archéologie), 486 à 490.

Egypte ancienne, (généralités) 21. 22, 23.

Egypte ancienne, (géographie), 491.

Egypte ancienne (histoire), 24 à 31, 148 à 161, 492 à 501, 683, 961.

Egypte ancienne (langue), 32, 33, 34, 162, 502.

Egypte ancienne (litterature et religion), 503 à 512.

Egypte ancienne (numismatique), 179, 513, 514.

Egypte (moyen âge et moderne), 35, 116 à 119, 409 à 415, 828.

Eloquence, 515.

Emaillerie, 822.

Emigration, 971 à 973.

Emin Pacha, 516.

Enseignement, 163, 517 à 524 974, 975.

Enseignement commercial, 525, 526.

Enseignement technique, 976.

Espagnole (littérature), 977.

Etats-Unis, 978.

Ethiopie, 527, 979.

Etrangères (littératures), 528.

Etrusque (Art). 529.

Expositions, 530, 980 à 982.

F

Foncière, (propriété), 1192.

Fortifications. 984.

Franc-Maçonnerie, 37.

Française (Langue), 531 à 534.

Française (littérature), 535 à 599.

France, 36.

France (histoire de) 600 à 623.

Française (révolution), 985.

G

Galvani, 986.

Géographie, 38, 39, 40, 164 624 à 640, 988 à 995.

Géographie ancienne, 165 à 166, 987, 1458.

Géographie historique, 41, 42.

Géologie, 167, 641 à 643, 996.
Géométrie, 997 à 998.
Grec (Art), 43.
Grecs (auteurs), 44, 45, 168, 839, 840, 1249 à 1373.
Grèce, 835.
Grèce contemporaine, 673.
Grecques (antiquités) 644 à 651
Grecque (histoire), 169, 170, 171, 652 à 660, 833, 999.
Grecques (inscriptions), 1463.
Grecque (langue), 46, 172, 661 à 664, 671, 672, 1000, 1459.
Grecque (littérature) 47, 48, 49, 665 à 670, 837, 1001, 1002, 1460 à 1462.
Grecque (Métrologie) 50
Grecque (philosophie), 51.
Guerre maritime, 1003 à 1005.

H

Hébraïque (langue), 52.
Histoire, 53, 674 à 687, 810, 811.
Histoire naturelle, 688 à 690.
Histoire religieuse, 691 à 701.
Homère, 836.
Horticulture, 702.
Hydraulique, 1007 à 1010.
Hydrographie, 1011 à 1018.
Hydrologie, 1019.
Hydrostatique, 1020.
Hygiène - Médecine, 54 à 59, 173, 174, 1021, 1022.
Hygiène infantile, 1023.
Hygiène publique, 1024.
Hygiène rurale, 1025.

I

Impôts, 1026 à 1030.
Incendies, 1031.
Indes, 175.
Industrie, 176, 703. 1082 à 1034.
Inscriptions grecques, 1463.
Inscriptions latines, 1464.
Instruction publique, 60, 61, 62, 1035.
Italie, 704 à 712, 1036.
Italie (armée) 1037.
Italie, (art), 1038.
Italie (histoire d'), 1042 à 1064.
Italie (ministère de la justice), 1112
Italie (musées), 1173.
Italie (parlement), 1178.
Italie (ports) 1190, 1191.
Italie (sociétés savantes), 1202 à 1217.
Italie (théâtre), 1225.
Italie (travaux publics), 1227 à 1239.
Italienne (archéologie), 859, 860.
Italienne (éloquence), 1039 à 1041.
Italiennes, (finances), 983.
Italienne (langue), 1065 à 1068.
Italienne (littérature), 1069 à 1109, 1465, 1466.
Italienne (musique), 1110.
Italienne (peinture), 1111.

J

Japon, 713.
Juive (histoire), 714.
Juive (législation), 715

L

Latins (auteurs), 716 à 720. 1374 à 1457.
Latine (épigraphie), 721.
Latines (inscriptions), 1464.
Latine (langue), 722.
Latine (littérature), 177, 1113, 1114.
Latine (métrique), 1115.
Législation, 1116.
Législation civile, 1117 à 1120
Législation commerciale, 1121 à 1123.
Législation douanière, 1124.
Législation maritime, 1125.
Législation pénale, 1126 à 1137.
Linguistique, 70.
Longitudes (bureau des), 723.
Loterie, 1138.
Louvre, (musée du), 724.
Lucques, 1139.

M

Manuscrits, 725.
Manuscrits orientaux. 1467.
Mariage, 726.
Marine, 178, 1140 à 1149.
Mathématiques, 727, 1150, 1151
Mécanique, 728, 1152 à 1156.
Médecine, 729 à 733, 1157 à 1164.
Médecine légale, 734.
Mémoires, 735.
Métal, (art du) 736.
Météorologie, 737.
Minéralogie. 738, 1165 à 1167.
Mines, 1168.
Miniatures, 739.
Ministères, 1169.
Morale, 1170 à 1172.
Morale civique, 740.
Moyen-Age (art du), 741.
Moyen-Age (histoire du). 679, 680, 742, 743.
Musique, 744.

N

Navale (Ecole), 745.
Navigation, 746 à 747
Navigation fluviale, 1174.
Numismatique, 179, 180, 513, 514.

O

Obstétrique, 1175.
Oiseaux (vol des) 748.
Orient, 71 à 73, 749.
Orient (extrême), 750, 751.
Orient (histoire ancienne), 181, 182.
Orient, (question d') 1176.
Orientale, (archéologie), 752.

P

Palestine, 183 à 190, 753.
Paratonnerres, 1177.
Pariah, 754.
Paris, 755, 756.
Parlement italien, 1178.
Pédagogie, 74.
Persane (littérature), 191, 192.
Phares, 1179 à 1185.
Philologie, 75 à 77, 757.
Philosophie, 758 à 762, 1186 à 1188.

Philosophie ancienne, 763.
Physiologie, 764, 765.
Physique, 766 à 768, 1189.
Pologne, 78.
Ports (d'Italie), 1190, 1191.
Préhistoriques, (temps), 769.
Propriété foncière, 1192.
Psychologie infantile, 770.

Q

Quarantaines, 1193.
Quinet (Edgar), 771.

R

Rapports consulaires, 193, 194.
Religion Chrétienne, 772.
Reliure, 773.
Revues allemandes, 79 à 81.
Revues anglaises, 195 à 198.
Revues égyptiennes, 435, 436, 966.
Revues françaises, 774 à 788.
Revues italiennes, 1194 à 1197.
Romain (Empire), 199, 790 à 796.
Romaine (histoire), 790 à 796, 1198.
Romaine (littérature), 797.
Romanes (langues), 789.
Rome, 1199.
Russe (langue), 82.
Russie (histoire), 798.

S

Sahara, 799, 799 *bis*.
Sainte (histoire), 800.
Sardaigne, 1200.
Sciences, 801.
Sociales (études), 802 à 803.
Sociétés commerciales, 1201.
Sociétés savantes, 200 à 204, 804, 1202 à 1217.
Sociologie, 1218, 1219.
Soudan Français, 805.
Spiritisme, 806.
Statistique 205, 807, 1220 à 1222
Sylviculture, 1223.
Syrie, 206 à 212, 808.

T

Tabacs, 1224.
Télégraphie, 809.
Temps Modernes (histoire des) 810 à 811.
Toscane, 1226.
Trigonométrie, 1240.
Tunisie, 812 à 815.
Turque (langue) 816.
Turque (littérature), 817.
Turquie, 818 à 821, 1241.

V

Verrerie, 822.
Vétérinaire (art du) 1242.
Voyages, 83, 823, 824, 1243 à 1247.

Z

Zoologie, 825 à 827, 1248.

TABLE ALPHABÉTIQUE

PAR NOMS D'AUTEURS

A

Abel (C.), 33, 34.

Abd-el-Rahman el Djabarti (cheikh), 415.

Adda et Galiounghi, 428.

Affaires étrangères (Ministère des), 322 à 334.

Alcidamas, 1257.

Alexandre (A.), 661.

Ali bey, 125

Allard (M. E.), 1184.

Allason (Ugo), 864.

Alloury (L.), 340.

Alvisi (G.), 1176.

Ambra (Prof. R. d'), 1068.

Amelinéau (E.), 408, 409.

Amenduni (G.), 1017.

Ammien Marcellin 1374.

Anacréon, 1253, 1460.

Andocide, 1254.

Andolfi (B.), 998.

Andreucci (Ottavio), 1193.

Anne Comnène, 1255.

Anthimus, 1375.

Anthologie grecque, 1461.

Antiphon, 1257.

Antisthènes, 1257.

Apollodore, 1259.

Apollonius (de Perge), 1260.

Apollonius (de Rhodes), 1261.

Apostolidis (B.), 836, 837.

Appien, 1262.

Arbuthnot (F.), 99, 191.

Archimède, 1263.

Ariosto (Ludovico), 1091, 1092.

Aristophane, 1264.

Aristote, 1265 à 1279.

Armstrong (G.), 166.

Arndt (Otto), 74,

Arrien, 1280, 1281.

Arrivabene (Comte G.), 882.

Artaria, 705.

Artin Yacoub Pacha, 397, 418, 418 *bis*.

Ascherson, 396.

Asprea (Th. D'), 424.

Athénée, 1282.

Audifreddi (G.), 901.

Augustin (Saint), 1376.

Aulu-Gelle, 1400.

Aululaire, 1377.

Ausone, 1378.

Autolycus, 1283.

Avienus, 1379.

Axenfeld (Henri), 712.

B

Babelon (Ernest), 752.
Babrius, 1284.
Baccelli (G.), 1161, 1162.
Bachelet, 283, 284.
Baedeker (K.), 122.
Bagatto (S.), 1171.
Baldracco (G.), 1200.
Balzac (H. de), 584, 585, 586, 592.
Barbantini (N.), 1160.
Barbensi (Al.), 982.
Bardoux (A.), 267.
Baroffio (Felice), 892.
Baroffio et Quagliotti, 855.
Baroffio et Sforza, 891.
Barrès (Maurice), 589.
Barret (Dr Paul), 213.
Barron (Louis), 755.
Barzellotti (G.), 1011.
Basset (René), 241, 242.
Baudrillart (H.), 296, 298.
Beke (Dr C. F.), 84.
Bellini, (O.), 916.
Belloc, (Alexis), 809.
Bémont et Monod, 742.
Benoît et Goelzer, 722.
Berchem, (Max van), 235.
Berger (Philippe), 303.
Berghaus (H.), 39.
Bernadi et Varisco, 918.
Bernardin (de St.-Pierre), 591.
Bernhardy (G.), 49.
Berrutti (Dr L.), 893, 1022, 1164.
Bertani (Aug.), 1100.
Berti (Domenico), 867.
Bertini (Dom.), 1019.
Bertrand (Alex.), 600, 608.
Bertrand (A.), et **Ferrier** (E.), 262.
Besant (W.), 186.
Beverini (Bartholomée), 1043.
Bianchi (M.), 862.
Bianco (de Siena), 1084.
Biberstein-Kasimirsky (A de), 238.
Bimbury (E.), 165.
Biographes (grecs), 1462.
Bion, 1285.
Birch (Samuel), 111.
Birman (H. A.), 67, 222.
Blackie (John Stuart), 306.
Blanc (Louis), 616.
Blanchère (M.R. de la), 220.
Bleibtreu (Karl), 1.
Bocchi (Carlo), 959.
Bocktor (Elias), 239.
Boeckh (Aug.), 75, 1463.
Boëtius, 1380.
Boileau, 576.
Boinet bey (A.), 335.
Bompard (Maurice), 813.
Bonalumi, (F. A.), 914.
Bonamico (D.), 1005.
Bonnet (Max.), 757.
Bonnetain (Paul), 750.
Bono (Vittorio), 934.
Borelli bey (O), 410, 422.
Borellï (Jules), 527.
Borgogna (G.) 974.
Boselli (Paolo), 294, 1073.
Bossi (V), 1062.
Bossuet, 535.
Botti (Dr G.), 429.
Bouillet (M.), 285.
Bourde (Paul), 740.
Bourdeau (L.), 703.

Bourget, (Paul), 555, 556.
Bourgoin (J.), 237.
Boussenard (L.), 583.
Bovet Bolens (H.), 297.
Bramston (M.), 187.
Brandi (V.), 1037.
Bréal (Michel), 519, 523.
Briand (H.), 685.
British Museum, 1467.
Brochant, 1166.
Brockhaus, 19.
Broussais (F.), 730.
Browne (M.), 126.
Brugsch (Dr H.), 22.
Brumoy (P.), 670.
Brunet (J.C.), 259.
Brun Rollet, 444.
Brunetière (F.), 553, 554, 557, 560.
Brunn (H.), 43.
Buch (Moritz) 73.
Buffon, 536.
Buonamici (C.), 1048.
Burat (E.), 728.
Burke (B.), 110.
Buttafuoco (D. de), 399.
Byzantios (S.D.), 671, 672.

C

Cagnat (René), 721, 790.
Caliari (P.), 1111.
Canabitza (Jean), 1286.
Cantalupi (A.), 1229.
Capi (S.), 957.
Cardou, (T.), 993.
Carena (G.), 1066.
Carocci (Guido), 1057.
Caroli (Luigi), 883.
Carolis (R. de), 1188.
Cassiano (G.), 1109.
Cassius Félix, 1381.
Cattaneo (L.), 1169.
Catulle, 1382.
Catullo (T.A.) 1167.
Cavanna (G.), 1248.
Cavazzutti (P.), 866.
Cavour (Comte Camille de), 1039.
Cecchi (Antonio), 1243.
Celsus (Cornelius A.), 1287.
Cerboni (Carlo), 900.
César Jules, 1383.
Cesare (A. di), 1052.
Censorinus, 1384.
Champollion (Figeac), 492.
Charmes (Gabriel), 351, 808.
Châteaubriand, 569.
Chélu (A.), 400.
Chénier (André), 578.
Cherubini (Claud), 863.
Chéruel (A), 602.
Chiala (L.), 1046.
Christus patiens, 1385.
Cicéron, 716, 1114, 1386.
Cipani (C.B.) 1093.
Cleomèdes, 1288.
Clifton, 88.
Clinton (F.E.), 169.
Clot bey, 347.
Collignon, (Max), 647, 648.
Collodi (G.), 1069.
Colombani (F.), 1008.
Comaglia (G.), 1185.
Comanos (Pacha D.A.), 731.
Comédies horatiennes, 1388.
Comiani degli Algarotti, 1168.
Commission française, 348.

Commodien, 1387.
Conder (C. R.) 160, 190, 207, 208, 211.
Conrad (Dr R.), 60.
Constantin le Grand, 1047.
Constantin (L. A.), 260.
Constantin (Ve de), 601.
Contini (Cesare), 1021.
Cornaglia (P.), 1233.
Corneille, 594.
Cornelius (Nepos), 1389.
Cornutus, 1390.
Cortese (F.), 1158.
Corti (Ant.), 1186.
Corti (Siro), 1063.
Couat (Aug.) 512.
Courier (P. L.), 537.
Cova (G.), 841.
Croiset (Alfred), 662.
Curtius (G.), 46.
Cutter (Ch. A.), 107.

D

Dacosta (Gaston), 534.
Dalton (G.), 72.
Damas (R. P. de), 753.
Danco (Ed.), 981.
Daniele (Michel), 910.
Dante (Alighieri), 709, 1075. 1465.
Daremberg et Saglio, 645.
Darès, 1392.
Darmesteter (James), 231.
Darmesteter (A.), 533.
Darwin (Charles) 858.
Dawson (J. W.), 167.
Debay (A.), 726.
Decourdemanche (J. A.), 817.
Degranges (E.), 426.
Delaunay (Ch.) 249.
Della Rocca (Nicola), 905.
Delvecchio (P.), 1103.
Demade et Dinarque, 1591.
Demetrio (G. de), 513.
Demogeot (J.), 528, 562.
Demosthènes, 1290.
Démosthènes-Eschine, 665.
Denon (Vivant), 358.
Denys d'Halicarnasse, 1294.
Deroulède (Paul), 588.
Descubes (A.), 286.
Dezobry, 283-284
Dhombres (G.) 811.
Diatzko (Dr C), 874.
Dictus (de Crète), 1393.
Diez (Aug.), 789.
Dimitza, (M.), 832.
Diodore (de Sicile), 1292.
Dion Cassius, 1293.
Dionese (E.), 1170.
Ditscheiner (J. A.), 17.
Dor (S. Edouard), 417.
Dracontius, 1394.
Dreyss, (Ch.), 277.
Droysen (J. G.), 659.
Ducamp (Albin), 304.
Du Cange, 1459.
Dufailly (M. J.), 252.
Dumas (Alexandre), 610, 621.
Dümichen (J.), 29.
Duncker (Max), 5.
Durand-Caubet, 733.
Duruy (Victor), 611, 612, 658, 679, 743, 792, 800, 810.

E

Eberhard (J. A.), 66.
Ebers (Georg), 23, 352, 510.
El Hag (C. G.), 1006.
Elien, 1249.
Ellena (V.), 943.
Emmens (W. T.), 101.
Enée, 1250.
Erckmann-Chatrian, 593.
Erman (Adolf), 21.
Ersch und Gruber, 18.
Eschine, 1251.
Eschyle, 1252.
Esope, 1301.
Esperson (P.), 953.
Etienne (Louis), 710.
Etrusca (Amarillo), 1095.
Euclide, 1297.
Eudocie, 1298.
Euripide, 1299.
Eusèbe de Césarée, 1300.
Eutrope, 1396.
Expédition française, 413.

F

Fabi (Antonio), 950.
Fables romaines, 1397.
Faguet (Emile), 558.
Fanti (C. et A.), 884.
Fantonetti (G.), 1165.
Fantoni (G.), 1050.
Fernet (E.), 768.
Ferrari et Caccia, 707.
Ferraro (F.), 1218, 1220.
Filon (Augustin), 230.
Finlay (G.), 171.
Flammarion (Camille), 254, 737, 838.
Flavius Josèphe, 1302.
Fleury (J. A.), 232.
Flinders Petrie (M. W.), 212.
Flint (Robert), 878.
Florenzano (G.), 972.
Florino (F.), 1110.
Florus (Julius), 1398.
Focillon (Ad.), 287
Fontana (B.), 881, 1115.
Forlico et Bavani, 931.
Fornaciari (L.), 1074.
Forni (Eugenio), 1219.
Forni (G.), 970.
Fouillée (Alfred), 762.
Fournel (Victor), 756.
Franck (Ad.), 761.
Frary (Raoul), 524.
Fraser Rae (W.), 117.
Frémaux (Paul), 443.
Freschi (Dr F.), 1024.
Freund (Dr W.), 77.
Friedlander (L.), 793.
Friegieri (Cav. Ant.), 1003.
Fromentin (Eug.), 550, 799ᵃ.
Frontinus (Julius), 1402.
Fumagalli (G.), 872.
Funck-Brentano, 299.

G

Gaïus, 1399.
Galien, 1303.
Galuppi (Barone P.), 1187.
Galvani (Luigi), 986.
Ganot (A.), 766.
Gardey (L.), 359.
Gardiner (S.), 1151.

Gargiolli (C.), 1077.
Garstin (W. E.), 143.
Gasquet (A.), 271.
Gaspari (D.), 885.
Gayet (A.), 236.
Gazier (A.), 563.
Geffroy (A.), 796.
Gelat (P.), 426.
Georg (Dr L.), 221.
Georges de Chypre, 1304.
Ghali (Boutros Bey), 393.
Ghirelli (L.), 1128.
Gibbon (Edw.), 199.
Giraud (Victor), 215.
Giovannis Giaquinto (G. di), 947.
Giudice (Franc. del), 1031.
Glasson (E.), 293.
Goldschmidt (Dr), 89.
Gonse et Loustalot, 247.
Gordon de Genouillac (H.), 264.
Gorgias, 1257.
Gorini (C.), 915.
Gorrini (G.), 949.
Gossin (H.), 273.
Gottberg (E. de), 398.
Gotti (Aurelio), 1173.
Goudareau (G.), 713.
Gouin (F.), 163.
Goumy (Ed.), 605.
Graësel (Dr Arnim), 12.
Grammont (Duc de), 607.
Grand Bey, 447, 449.
Gréard (Octove), 305, 520, 521, 522, 763.
Grébaut (E.), 446.
Greenwood (Th.), 106.
Grillenzoni (Carlo), 1175.
Grillo (C.), 1004.
Grimaux, 88.
Grimaux (Ed.), 229.
Grote (G.), 170.
Gruyer (F.-A.), 724.
Guanciali (Quint.), 1070.
Guardia (J. M.), 732.
Guérard et Passerat, 663.
Guerra (Luigi F.), 1105.
Guerrazzi (F. D.), 1085.
Guglielmotti (A.), 879, 984, 1140, 1143, 1144, 1145, 1149.
Guiccioli (A.), 880.
Guidiccioni (Giovanni), 1087.
Guilbault (Ad.), 281.
Guillemin (Am.), 356.
Guiraud (P.), 650, 660.
Guttstadt (Dr A.), 53.
Guyot (Arnold), 629.

H

Habeiche (Joseph), 240.
Hamel (Ernest), 620.
Haraucourt (Edmond), 579.
Harper (H. A.), 100.
Head (B. W.), 180.
Heilbronner (Jules), 301.
Héliodore, 1305.
Hellwald (F. von), 36, 53.
Hemsterhuys, 1403.
Hennique (P. A.), 746.
Henry (Victor), 664.
Héraud (A.), 295.
Hérodien, 1306.
Hérodote, 31, 44, 1307.
Hérondas, 1308.
Hervé (Jacques), 353.
Hésiode, 1309.

Hesychius, 1310.
Heyse (J. C. A.), 63.
Hieronymus, 1401.
Hilmy (Prince Ibrahim), 121.
Histoire (Auguste), 1442.
Historici græci minores, 1311.
Historiens romains, 1404.
Hoefer (F.), 250, 266, 274, 643, 727, 738, 767, 827.
Homère, 668, 1312, 1313, 1314.
Horace, 1405.
Houssaye (Henry), 653.
Hugo (Victor), 538, 580.
Hugonnet (L.), 350, 673.
Hugues (L.), 991, 992.
Hull (R.), 164.
Hull (Ed.), 185, 216.
Hultsch (F.), 50.
Hyginus, 1406.
Hyperides, 1315.

I

Iamblique, 1316, 1317.
Isambert (E.), 360.
Isée, 1318.
Isocrate, 1319.

J

Jacini (Stefano), 1192, 1227.
Jacolliot (Louis), 686, 687, 692, 694, 696, 697, 698, 699, 700, 754, 806.
Jacquemart (A.) 272.
Jessie White Mario, 875.
Jewett (Ch.), 108.
Jewett (C. C.), 873.
Johannis (A. J. de), 868.
Jolly (Dr J.), 70.
Jolowicz (H.), 20.
Joly (H.), 758.
Jonquière (A. de la), 820.
Julien (Empereur), 1320.
Julius (Gustave), 78.
Jurien de la Gravière, 261, 652, 654, 655, 656, 657, 674, 751.
Justin, 1410.
Justinien, 1321, 1322, 1408, 1411.
Juvenal, 1412.

K

Kallisthènes (Pseudo), 45.
Kampen (Dr A. von), 987.
Kiepert (H.), 41.
Kingsley (Ch.), 92.
Klencke (Dr H.), 55, 57, 58, 59.
Kohler (K. F.), 11.
Krause (Dr K.), 64.

L

Lacour (R.), 354.
Ladvocat (Abbé), 675.
Laevius Calvus, 1414.
Lafitte (Paul), 515.
La Fontaine, 577.
Lallemand (Ch.), 815.
Lamartine, 565, 568, 581.
Lambel (Comte de), 635.
Lamennais, 547, 772.
Lane (E. W.), 116.
Lanessan (J. L. de), 604.
Langlebert (J.), 690.
Langlois (V.), 514.

Lanoye (F. de), 632.
Laplace, 253.
Larive et Fleury, 532.
Larrousse (P.), 290, 531.
Lauth (J.), 24.
Lavisse et Rambaud, 680.
Léautey (Eug.), 281, 525.
Le Beau (Ch.), 79[illegible].
Le Blant (E.), 651.
Lecchi (Antonio P.), 1020.
Lechopié (A.), 734.
Lecoy de la Marche (A.), 741.
Lefèvre (André), 759.
Lefèvre (H.), 280.
Lefèvre Pontalis (Eug.), 804.
Le François (A. B.), 622.
Léger (L.), 256.
Lemaître (Jules), 552, 559.
Lemm (Oscar von), 32.
Lenartowitz (L.), 938.
Lenormand (S.), 773.
Lenormant (François), 498.
Léoncavallo (G.), 819.
Le Roux (Hugues), 799.
Lesseps (F. de), 343, 344, 574.
Letronne (A. J.), 683.
Levasseur (E.), 268, 636.
Liddell and Scott, 172.
Liernur (G. A.), 140.
Lisbonne (E.), 747.
Lock (Frédéric), 615.
Lombardini (Elio), 1013.
Longitudes (Bureau des), 723.
Loret (V.), 502.
Loti (Pierre), 587.
Lubbock (Sir John), 93.
Lucchesini (Cesare), 1080.
Lucien, 1323.
Lucrèce, 1416.
Lumbroso (G.), 501, 961, 965.
Lycophron, 1324.
Lycurgue, 1325.
Lydus (J. L.), [illegible]26.
Lysias, 1327.

M

Macaulauy (T. B.), 90.
Maigne (M.), 246.
Maggiorano (Carlo), 1163.
Magnaghi (G. B.), 1240.
Malte-Brun, 630.
Mameli (Pinto G.), 930.
Manayra (E.), 1159.
Mandalari (G.), 1079.
Mandolari (M.), 1058.
Manethon, 1328.
Mantell (A.), 120.
Manzoni (Bibliothèque di), 258.
Marc-Aurèle, 1258.
Marcel (M. J.), 412.
Marcellus, 1417.
Marchesini (G. B.), 886.
Marchetti (R.), 1014.
Marcone (N.), 971, 1083, 1102.
Maréchal (E.), 677.
Marescalchi (A.), 1119.
Marey (E. J.), 748.
Mariette-bey (A.), 156, 431, 432.
Marin (un), 631.
Marivaux, 596.
Marolda Petilli (Fr.), 1223.
Marsilli (N.), 1072.
Martha (Jules), 529.
Martial, 1418.
Martianus Capella, 1419.
Martigny (Abbé), 282.

Martin (Henri), 613.
Marucci (Ettore), 1108.
Mascrier (Abbé Le), 349.
Masetti-Venturoli, 1155.
Maspero (G.), 30, 248, 495, 496, 497, 503, 504.
Massaia (Fra G.), 979.
Matter (J.), 506.
Maurice (Th.), 175.
Mauro (Aug.), 1067.
Maury (Alf.), 638.
Maximus, 1329.
Mazzorosa (Ant.), 1090.
Mel (Isidore), 1131.
Ménard (René), 736.
Mensel (H.), 45.
Mercier (Ernest), 214.
Merruau (Paul), 357.
Messedaglia (G. B.), 960.
Metternich (Prince de), 735.
Métriciens grecs, 1353.
Métrologiques (Auteurs), 1330.
Meunier (Stanislas), 226, 265, 641, 764, 825.
Meyer (A.), 1189.
Meyer (Edouard), 6, 29.
Michelet (Jules), 302, 539, 570, 617, 795.
Milesi (A.), 889.
Miller (G.), 109.
Milne-Edwards, 826.
Milner (Alf.), 118.
Milton (John), 94, 856.
Minghetti (Marco), 1040.
Minutius (Félix), 1420.
Mirabeau, 548.
Mission archéologique, 509.
Mitchell (L. H.), 145.
Modena (Gustavo), 1094.
Modigliani (Elio), 1246.
Molière, 595, 597.
Molinier (Aug.), 725, 739.
Moncrieff (Colin-Scott), 137, 138, 139, 141.
Monod (E.), 530.
Monod (G.), 684.
Morelli (Henri), 920.
Moschus, 1285.
Mouriez (Paul), 414.
Müller (C.), 1458.
Müller (H.), 15.
Müller (Max), 35.
Mullins (J. D.), 104.
Mürdter (F.), 7.
Muret (M. A.), 1421.
Murray (J.), 123.

N

Natali (Ettore), 1081.
Naville (E.), 149, 155, 157, 158.
Newton (C. T.), 98.
Nicephore, 1331.
Nicolaï (Dr), 48.
Nicomaque, 1332.
Noël (Octave), 279.
Noël et Stoullig, 551.
Nonnus, 1333, 1334.
Nouveau Testament, 1335.

O

Observatoire Khédivial, 433, 434.
Odi-Venturoli, 1156.
Officier (un ancien), 745.
Oikonomopoulos (D.), 345, 829, 830, 835.

Olloqui (E. de), 977.
Onosandrus, 1336.
Orbigny (Ch. d'), 689.
Orioli (F.), 1177.
Orosius (Paulus), 1422.
Ottolini (Vittorio), 1225.
Ovide, 1423.

P

Pacchi (Gaetano), 1071.
Padri (Ettore), 1064.
P. H. H., 814.
Paladino (Luigi), 908.
Panégyriques latins, 1424.
Panizza (Mario), 847.
Papacino (Aless.), 1153.
Paparrigopoulos (K.), 833.
Papi (Lazzaro), 985, 1107.
Papinius Statius, 1444.
Paponot (F.), 355.
Parent (H.), 744.
Parrocel (Et.), 549.
Parthey (G.), 26.
Patrick (S.), 177.
Paulhan (F.), 760.
Pausanias, 1337.
Pavesio (P.), 939.
Peano (G.), 1150.
Pedraglio (Leo.), 1201.
Pelagonius, 1425.
Pereira (Ricardo S.), 278.
Perez (Bernard), 770.
Perez (Etienne), 805.
Perthes (Justus), 225.
Perocco (C.), 958.
Perrot et Chipiez, 245.
Perry (W. C.), 97.
Perse (A. F.), 1426.
Petits poëtes latins, 1431.
Petrarca (M. F.), 1104.
Petzholdt (Dr Julius), 9.
Pezzi (Dom.), 1000.
Pezzillo (J.), 708.
Phèdre, 718, 1427.
Philodème, 1338, 1339.
Philostrate (Flavius), 1340.
Physiciens grecs, 1351.
Pierantoni (Aug.), 955, 1053.
Pierret (Paul), 489, 508, 511.
Pierron (Alex.), 666, 667, 797.
Pietschmann (Dr R.), 30.
Pihlemann (J.), 82.
Pindare, 1341.
Pinloche (A.), 223.
Pisani (E.), 932.
Pistor (Dr M.), 54.
Plana (J.), 255
Platon, 839, 1001, 1342.
Plaute, 1428.
Plinius Secundus, 1429, 1430.
Plotin, 1343.
Plutarque, 1344.
Pococke (John), 124.
Poëtes bucoliques grecs, 1285.
Poëtes épiques grecs, 1296.
Poëtes latins (choix), 1395.
Poëtes lyriques grecs, 1256.
Poëtes satiriques grecs, 1289.
Poggio (G.), 427.
Polemon, 1345.
Polybe, 1347.
Polyen, 1346.
Pomponius Mela, 1432.
Pomponius Porphyrion, 1433.
Ponce di Leon (V. M.), 1054.
Poole (S.), 179.
Pope (Alex.), 95.

Popoli (G.), 1096.
Porphyre, 1348.
Porphyrius, 1002.
Pottier (E.), 649.
Priem (F.), 640, 642.
Privat-Deschanel, 287.
Proclus, 1349.
Propertius, 1434.
Pulci (Luigi), 1086.

Q

Quarta (Alb.), 937.
Quatrefages (D.), 233.
Quinet (Edgar), 771.
Quintilien, 1435, 1436.
Quintus Curtius Rufus, 1391.
Quintus de Smyrne, 1350.

R

Rabbinowicz (Dr J. M.), 715.
Racine, 598.
Rambaud (Alf.), 606, 609, 798.
Randaccio (G.), 1147, 1148.
Rattazzi (Urbano), 1041.
Ravenna (E.), 903, 933.
Rawlinson (G.), 152, 168.
Rébelliau (A.), 693.
Reclus (Elisée), 633.
Reclus (Onésime), 628, 639.
Regis (G. M.), 1116.
Regnal (P.), 590.
Rehatsek (E.), 192.
Reinach (Salomon), 749.
Reinach (Théodore), 794.
Renan (Ernest), 540, 566, 567, 572, 573, 575, 691, 695.
Renouf (P. Le Page), 162.
Rhéteurs grecs, 1352.
Riche (Alfred), 275.
Ridolfi (E.), 1038.
Rigoni (Simone), 1242.
Rinieri dei Rinaldeschi, 1076.
Ritschl (Fred.), 76.
Robecchi-Brichetti (L.), 1244.
Robert (Léon), 518.
Robiou (F.), 499, 500.
Rocco di Zerbi, 1101.
Romizi (Aug.), 1113.
Rosina (Ed.), 927.
Ross (L. C.), 144.
Rossi (E.), 978.
Rossi (Giovanni), 929.
Rossi (V. de), 952.
Rougé (J. de), 491.
Rousseau (J. J.), 541.
Roussel (Ad.), 292.
Royal Colonial Institute, 203.
Royal Geographical Society, 204.
Royal Society of London, 202.
Ruelens (Paul), 422.
Rusconi (C.), 1099.
Rutilius Namatianus, 1437.

S

Sachs (Isidore), 704.
Saffray (Dr G.), 975.
Saint-Simon, 543.
Sainte-Beuve, 542, 564.
Salluste, 1438.
Sanchelli (Ant.), 1065.
Sanders (D.), 65, 69.
San Filippo (P. A. di), 1049.
Sanguinetti (A.), 904, 917.
Santa Anna Néry, 269.

Santini (Aug.), 1126.
Sarcey (Francisque), 571.
Saulcy (F. de), 714.
Saunders (Trelawney), 189.
Sayce (A. H.), 181.
Scherzer (K. von), 83.
Schiebe (Aug.), 14.
Schlumberger (G.), 270.
Schmidt (J. A.), 68, 224.
Schmidt (L.), 13.
Schœmann (G. F.), 644.
Schrader (A.), 624.
Schrader (F.), 634.
Schumacher (G.), 183, 206, 209.
Schweinfurth (G.), 396.
Scott-Keltie (J.), 516.
Scott-Moncrieff (Colonel), 456, 457, 459.
Scott (Walter), 96.
Scribonus Largus, 1441.
Secchi (P. G.), 859.
Sedaine, 599.
Seffer (G. H.), 52.
Seignobos (Charles), 623.
Sella (Quintino), 1047.
Selvatico (P.), 940.
Senèque, 1439, 1440.
Setti (Aug.), 1130.
Sextus Amarcius Gallus, 1354.
Shakspere (W.), 231.
Sharpe (S.), 148, 153.
Silius Italicus, 1443.
Simaïka (Abdalla bey), 471, 493, 494.
Simeon Sethus, 1355.
Simioni (C.), 842
Simon (Jules), 263, 507.
Sinigaglia (F.), 1154.
Skotidis (N.), 828.
Skotos (Ph.), 831.
Smith (Adam), 300.
Smith (B.), 1198.
Smith (G.), 999.
Smith (Th.), 182.
Smith (William), 115 *b.*, 115 *c.*, 115 *d.*
Société des Eaux (Caire), 437.
Société de Géographie italienne, 983.
Société Khédiviale de Géographie, 441-442.
Sophocle, 669, 840, 1356.
Sophocle (Scolies), 1357.
Soranus, 1358.
Sorel (Albert), 676.
Sotis (Giov.), 1025.
Soury (Jules), 765.
Spiegel (F.), 4.
Spiers (A), 227-228.
Spruner-Menke, 42.
Stadensius Troïlus, 1359.
Stein (H.), 44.
Stewart (C.), 146.
Stieler, (Ad.), 40.
Stobée, 1360.
Strabon, 1361.
Strackerjan (F. A.), 16.
Strange (Guy Le), 188.
Stratton (F.), 174.
Suérus et Guillot, 678.
Suetonius, 1445.
Süsemihl (F.), 47.
Swann (W.), **Sonnenschein,** 102.
Swift (D.), 91.
Sydow (und Wagner), 38.

T

Tacitus, 1446.
Tarchiani (A.), 912.
Tasse (Le), 711.
Tasson (F. A.), 37.
Tegon (Carlo), 1080.
Terentius, 1447.
Thémistius, 1363.
Théocrite, 1285.
Théodore, 1362.
Théon de Smyrne, 1364.
Théophraste, 1365.
Theophylactus, 1366.
Thiers (Adolphe), 618, 619.
Thiofridus, 1448.
Thomson (Sir William), 801.
Thucydide, 1367.
Tibaldi (Paolo), 1245.
Tibullus, 1449.
Tisogni (Carlo), 865.
Tissandier (Albert), 824.
Tissot (Charles), 812.
Tite-Live, 1415.
Todaro della Galia (A.), 1118.
Tonelli (L.), 1055.
Torquato Tasso, 1082.
Tosti (Luigi D.), 877.
Troost (L.), 276.
Turrazza (Dr D.), 1010.

V

Vacani (Camillo), 1012.
Vacherot (E.), 505.
Vacquerie (Aug.), 681.
Valerio (G.), 1023.
Valerius Flaccus, 1451.
Valerius Julius, 1400.
Valerius Maximus, 1450.
Vallauri (Th.), 1088, 1466.
Valle (Colonel Pietro), 1106.
Valussi (P.), 1044.
Vapereau (G.), 288.
Varigny (H. de), 688.
Varro (M. Terentius), 1452.
Vasili (Comte Paul), 802, 803.
Vaujany (H. de), 407.
Vecchi (A. V.), 1146.
Vecchi (H. de), 336-337.
Vegetus (Flavius), 1453.
Velleius Paterculus, 1454.
Vettius Aquilinus (C.), 1413.
Venturoli (G.), 1007, 1152.
Verneau (Dr R.), 234, 769.
Vernes (Maurice), 701.
Viali (Léopold), 906.
Vico (G.), 1097.
Vidal-Lablache, 626, 637.
Vies de Saints, 1457.
Vigna (L.) et **Alberti** (V.), 948.
Vignon (L.), 219.
Viguier (M.), 816.
Vilmorin Andrieux, 217, 218, 702.
Vincent (Edgar), 128, 129, 130, 131, 132, 133, 370.
Viollet-le-Duc, 243.
Virgile, 719, 720, 1455.
Virgilius Maro, 1456.
Visconti (E. Q.), 646.
Vitruve, 244.
Vivien de Saint-Martin, 289, 627.
Voltaire, 538a, 544, 545, 546.
Voutyras (E. J.), 834.

W

Wagner (und Sydow), 38.
Walberg bey Dzierzanowski (A.), 682.
Weiss (J. J.), 561.
Welzhofer (Heinrich), 3.
Weniger (Dr), 27.
West (Ch.), 729.
Wheatley (H.), 105.
Whitaker, 87.
Wiedemann (Alf.), 25, 28, 31.
Wiener (Wilhelm), 71.
Willcocks (W.), 142, 458.
Wilkinson (G.), 161.
Willmanns (G.), 1464.
Winckelmann (von I.), 2.
Witt (Angiolo de), 887.
Wolf (C.), 251.

X

Xénophon, 1368-1372.

Z

Zannetti (Dr F.), 894.
Zeller (Dr Ed.), 51.
Zeller (J.), 706.
Zevort (Ed.), 614.
Zogheb (Alex. Max. de), 490.
Zola (Emile), 582.
Zonaras, 1373.
Zuccagni-Orlandini (A.), 1222.

SUPPLÉMENT AU CATALOGUE

Algèbre.

1474. Nouveau cours d'Algèbre, par Ph. André, in 8°, Paris 1862. 1 vol. C. 624.

1475. Traité d'Algèbre, par Joseph Bertrand, in 8°, Paris 1874. 1 vol. C. 618.

Anatomie.

1476. Anatomy Descriptive and Surgical, by Henry Gray, in 8°, Londres 1890. 1 vol. C. 611.

Angleterre (histoire).

1477. Histoire d'Angleterre depuis 1815, par M. A. Regnard, in 16°, Paris s. d. 1 vol. D. 622.

Arabe (langue).

1478. Badger's English Arabic Lexicon, in 4°, Londres 1881. 1 vol. B. 230.

1479. Dictionnaire Français et Arabe, par Ed. Gasselin, in 4°, Paris 1886. 2 vol. B. 229.

Astronomie.

1480. Œuvres complètes de Laplace, tome X. in 4°, Paris 1894. 1 vol. B. 216.

Beaux-Arts.

1481. Coup d'œil sur l'enseignement des Beaux-Arts, par M. Lecoq de Boisbaudran, in 8°, Paris 1879. 1 vol. C. 625.

Canal de Suez.

1482. Album des Souverains, Inauguration du Canal de Suez, in folio, Paris, s. d. 1 vol. A. 53.

Chimie.

1483. Leçons de Chimie, par Paul Poiré, in 12°, Paris 1887. 1 vol. D. 601.

Chirurgie.

1484. Druitt's Surgeon Vade mecum, edited by Stanley Boyd, in 8°, Londres 1887. 1 vol. D. 594.

Dessin.

1485. Enseignement Primaire du Dessin, par L. Chauvet et J. Pillet, in 12°, Paris 1891. 1 vol. D. 602.

1486. Organisation d'une classe de Dessin, par Paul Collin, in 12°, Paris 1883. 1 vol. D. 611.

Droit criminel.

1487. Précis de droit criminel, par R. Garraud, in 8°, Paris 1892. 4 vol. C. 620.

Droit international.

1488. La nationalité au point de vue des rapports internationaux, par G. Cogordan, in 8°, Paris 1890. 1 vol. 627.

Ecriture.

1489. Histoire de l'Écriture dans l'Antiquité, par Ph. Berger, 2e édit. in 4°, Paris 1892. 1 vol. B. 234.

Education.

1490. Histoire critique de l'Éducation en France, par G. Compayré, in 12°, Paris 1885. 2 vol. D. 614.

Egypte (Généralités).

1491. Egypt past and present, by W. H. Davenport Adams, in 8°, Londres 1887. 1 vol. D. 599.

1492. Les Egyptiens, par Kassem-Emin, in 12°, Caire 1894. 1 voi. D. 624.

Egypte (Histoire).

1493. Résumé chronologique de l'histoire d'Egypte, par Arthur Rhòné, in 8°, Paris 1877. 1 vol. C. 621.

1494. Résumé de l'Histoire d'Egypte, par E. Amelineau, in 12°, Paris 1894. 1 vol. D. 617.

Egypte (Instruction Publique).

1495. Considérations sur l'Instruction Publique en Egypte, par Yacoub Artin Pacha, in 12°, Caire 1894. 1 vol. D. 618.

Egypte (Irrigations).

1496. Egyptian Irrigation, by W. Willcocks, in 8°, Londres 1889. 1 vol. C. 609.

Egypte (Législation).

1497. Statut réel d'après le Rite Hanafite, par Khadri Pacha, in 8°, Caire 1893. 1 vol. C. 619.

Egypte (Voyages etc.)

1498. Le Nil Egypte et Nubie, par Maxime Du Camp, in 12°, Paris 1889. 1 vol. D. 621.

1499. The Dwellers on the Nile, by E. A. Wallis Rudge, M.A., in 8°, Londres 1877. 1 vol. D. 598.

1500. Voyage en Egypte et en Nubie, par J. J. Ampere, in 8°, Paris 1868. 1 vol. C. 628.

Egypte ancienne.

1501. Mémoires de la Mission Archéologique Française au Caire, gr. in 4°, Paris 1894. 6 vol. A. 13.

1502. Recueil des Inscriptions Grecques et Latines de l'Egypte, par M. Letronne in 4°, Paris 1842. 1 vol. B. 236. Atlas in folio. A. 52,

1503. Select Papyri in the Hieratic Character of the British Museum, in folio, Londres 1844-1860. 3 vol, A. 47-49.

1504. Photographs of the Papyrus of Nebseni in the British Museum, in folio, Londres, 1876, 1 vol. A. 50.

Française (littérature).

1505. Œuvres badines complètes du Comte de Caylus, in 8°, Paris 1787. 12 vol. C. 633.

1506. Œuvres de Lamartine, in 8°, Paris 1836. 10 vol. C. 629.

1507. Joseph de Maistre, par G. Cogordan, in 12°, Paris 1884. 1 vol. D. 625.

1508. Trois contes, par Gustave Flaubert in 16°, Paris 1883. 1 vol. D. 623.

1509. Yankees fin de siècle, par S. Jousselin, in 12°, Paris 1892. 1 vol. D. 619.

Géographie.

1510. COMMERCIAL & LIBRARY ATLAS OF THE WORLD, edited by G. W. Bacon, in folio Londres 1893. 1 vol. A. 45.

1511. COURS DE GÉOGRAPHIE, par E. R. Cortambert, in 12° Paris 1885. 1 vol D. 600.

1512. JOURNAL OF THE ROYAL GEOGRAPHICAL SOCIETY OF LONDON, 1893-1894. in 8° Londres. 4 vol. C. 485.

Géographie (ancienne).

1513. LE NORD DE L'AFRIQUE DANS L'ANTIQUITÉ GRECQUE ET ROMAINE, par Vivien de Saint Martin in 8°, Paris 1863. 1 vol. C. 626.

1514. NOUVELLE GÉOGRAPHIE UNIVERSELLE, par Elisée Reclus tome XIX et dernier, in 4° Paris, 1894. 1 vol. B. 217.

Géologie.

1515. TRAITÉ DE GÉOLOGIE, par A. de Lapparent, in 8°, Paris 1893. 1 vol. C. 608.

Géométrie.

1516. A TREATISE OF ORTHOGRAPHIC PROJECTION, by W. Binns, in 8, Londres 1886. 2 vol. C. 613.

Grecque (archéologie).

1517. DODONE ET SES RUINES, par C. Carapanos, in folio Paris 1878. 2 vol. A. 51.

Grecque (histoire).

1518. EXAMEN CRITIQUE DES ANCIENS HISTORIRNS D'ALEXANDRE LE GRAND, par G. Sainte-Croix, in 4°, Paris 1804. 1 vol. B. 235.

Histoire.

1519. THE 19th CENTURY, A HISTORY, by Robert Mackenzie, in 8° Londres 1891. 1 vol. C. 615.

Histoire religeuse.

1520. LES GRANDS INITIÉS, par Edouard Schuré, in 12° Paris 1893. 1 vol. D. 620.

Hygiène.

1521. NOUVEAU COURS D'HYGIÈNE, par J. L. Mora et C. Vésiez in 12°, Paris 1890. 1 vol. D. 615.

Ingénieur (Art de l').

1522. A MANUAL OF ENGINEERING SPECIFICATION, by Lewis. M. Haupt, in 8°, Philadelphie 1888. 1 vol. C. 614.

Italie (Art).

1523 VITA DEI PITTORI, SCULTORI ED ARCHITETTI, di G. B. Passeris, in 4°, Rome 1772. 1 vol. B. 232.

Italie (ports).

1524 .OPERE ESEGUITE AL PORTO FRANCO DI LIVORNO, 1835-1842. in folio Livourne 1844. 1 vol. A. 46.

Italie (Statistique).

1525. ANNUARIO STATISTICO ITALIANO 1887-1888, in 4° Rome 1888, 1 vol. B. 231.

Italienne (littérature).

1526 ANTOLOGIA DELLA PROSA E DELLA POESIA ITALIANA MODERNA, per G. Puccianti, in 12°, Florence 1884. 2 vol. D. 604.

Mathématiques.

1527 MATHEMATICS FOR PRACTICAL MEN, by Olinthus Gregory, in 8 Londres 1862. 1 vol. C. 612.

1528 NOUVEAU COURS D'ARITHMÉTIQUE par Ph. André, in 8°, Paris 1890. 1 vol. C. 623.

1529. THE PROGRESSIVE EUCLID, by A. T. Richardson, in 8°, Londres 1891. 1 vol. D. 597.

1530. TABLES DE LOGARITHMES A SEPT DÉCIMALES, par J. Dupuis, in 8 Paris 1885. 1 vol. C. 610.

Mécanique.

1531 COURS ÉLÉMENTAIRE DE MÉCANIQUE, par G. Mondiot et Thabourin, in 8°, Paris 1884. 2 vol. C. 617.

1532. THE ELEMENTS OF MACHIN DESIGN, by W. Cawthorne Unwin, in 12°, Londres 1888. 1 vol. D. 595.

Médecine.

1533. AIDE-MÉMOIRE DE MATIÈRE MÉDICALE, par Ludovic Jammes, in 16°, Paris 1892. 1 vol. 610.

1534. AIDE-MÉMOIRE DE THÉRAPEUTIQUE, par Paul Lefort in 16°, Paris 1890. 1 vol D. 607.

Pédagogie.

1535. COURS DE PÉDAGOGIE, par P. Vincent, in 12°, Paris s. d. 1 vol. D. 616.

1536. L'ECOLE, par Jules Simon, in 12°, Paris 1886. 1 vol. D. 912.

1537. HISTOIRE DE LA PÉDAGOGIE, par P. Vincent in 12°, Paris 1885. 1 vol. D. 603.

1538. Lettres pédagogiques, par Vincent et Magé, in 12° Paris s. d. 1 vol. D. 613.

Pharmacie.

1539. Aide-mémoire d'essais et de dosages, par Ludovic Jammes, in 16° Paris 1893. 1 vol. D. 609.

1540. Aide-mémoire de pharmacie chimique, par Ludovic Jammes, in 16°, Paris 1892. 1 vol. D. 606.

1541. Aide-mémoire de pharmacie galénique, par Ludovic Jammes, in 16°, Paris 1893. 1 vol. D. 608.

Physiologie.

1542. Aide-mémoire de physiologie, par le Prof. Paul Lefort in 16°, Paris 1891. 1 vol. D. 605.

Physique.

1543. Sound, light & heat, by Mark R. Wright, in 8°, Londres 1890. 1. vol. D. 596.

Revues françaises.

1544. Revue critique d'histoire et de littérature, Année 1894. in 8°, Paris. 2 vol. C. 61.

1545. Revue des deux mondes, Année 1872. (Janvier-Octobre). 1893-1894 (Janvier-Décembre) in 8° Paris. 17 vol. C. 123.

1546. Revue politique et littéraire, Année 1894, in 4°, Paris. 2 vol. B. 24.

1547. Revue Scientifique, Année 1894. in 4°, Paris 2 vol. B. 23.

Revues italiennes.

1548 Bolettino dell'Imperiale Istituto archeologico-germanico di Roma, Anno 1893, in 8°, Rome. 1 vol. C. 62.

Sociétés savantes.

1549. Atti della reale accademia di scienze morali e politiche di Napoli 1893-1894, in 8°, Naples. 1 vol. C. 198.

1550 Philosophical transactions of the Royal Society of London 1893. in 4° Londres 1894. 2 vol. B. 233.

1551. Proceedings of the Royal Colonial Institute in London 1893-1894. in 8° Londres. 1 vol. C. 484.

1552. Proceedings of the Royal Society of London 1893-1894. in 8° Londres. 4 vol. C. 631.

1553 Rendiconti del Reale Istituto lombardo di scienze e lettere, Anni 1868-1887; 1894. in 8°, Milan. 24 vol. C. 632.

Trigonométrie.

1554. Cours de trigonométrie rectiligne, par H. E. Tombeck, in 8°, Paris 1886. 1. vol. C. 622.

1555. Nouveau cours de trigonométrie, par Ph. André, in 8°, Paris s.d. 1 vol. C. 616.

Voyages.

1556. Anatolica, by Rev. E. J. Davis, in 8°, Londres 1874. 1 vol. C. 630.

TABLE ALPHABÉTIQUE

PAR NOMS D'AUTEURS

Au Supplément du Catalogue

A

Amelineau (E.), 1494.
Ampère (J. J.); 1500.
André (Ph.), 1474, 1528, 1555.

B

Bacon (G. W.), 1510.
Badger, 1478.
Berger (Ph.), 1489.
Bertrand (Joseph),. 1475.
Binns (W.), 1516.
British Museum, 1503-1504.

C

Carapanos (C.), 1517.
Cawthorne Unwin (W.), 1532.
Caylus (Compte de), 1505.
Chauvet et **Pillet**, 1485.
Cogordan (G.), 1488, 1507.
Collin (Paul), 1486.
Compayré (G.), 1490.
Cortambert (E. et K.) 1511.

D

Davenport Adams, 1491.
Davis (E. J.), 1556.
Druitt-Boyd, 1484.
Du Camp (Maxime), 1498.
Dupuis (J.), 1530.

F

Flaubert (Gustave), 1508.

G

Garraud (R.); 1487.
Gasselin (Ed), 1479.
Gray (Henry), 1476.

J

Jammes Ludovic, 1533, 1539-1540-1541.
Jousselin (S.), 1509.

K

Kassem-Emin, 1492.
Khadri Pacha, 1497.

L

Lamartine, 1506.
Laplace, 1480.
Lapparent (A. de), 1515.
Lecoq de Boisbaudran, 1481.
Lefort (Paul), 1534, 1542.
Letroane, 1502.
Lewis M. Haupt, 1522.

M

Mackenzie (Robert), 1517.
Mission française au Caire, 1501.
Mondiot et **Thabourin**, 1531.
Mora et **Vésiez**, 1521.

O

Olinthus Gregory, 1527.

P

Passeri (G. B.), 1523.
Poiré (Paul), 1483.
Puccianti (G.), 1526.

R

Reale Accademia di Napoli, 1549.
Reale Istituto Lombardo, 1553.
Reclus (Elisée), 1514.
Regnard (M. A.), 1477.
Rhoné (Arthur), 1493.
Richardson (A. T.), 1529.
Royal Colonial Institute, 1551.
Royal Geographical Society of London, 1512.
Royal Sceiety of London, 1550, 1552.

S

Sainte-Croix (G.), 1518.
Schuré (Edward), 1520.
Simon (Jules), 1536.

T

Tombeck (H. E.), 1554.

V

Vincent (P.), 1535, 1537.
Vincent et **Magé**, 1538.
Vivien de Saint Martin, 1513.

W

Wallis Budge (E. A.), 1499.
Willcocks (W.), 1496.
Wright Mark (R.), 1543.

Y

Yacoub Artin Pacha, 1495.

www.ingramcontent.com/pod-product-compliance
Lightning Source LLC
Chambersburg PA
CBHW072231270326
41930CB00010B/2083
* 9 7 8 2 0 1 2 5 2 8 2 7 7 *